倫理

理系の学生と学ぶ倫理

上杉敬子 著

晃洋書房

目　次

第1章　倫　理

第1章
倫　理

1 —— 倫理って何？

四月。これから大学の工学部で「倫理」の講義をはじめようと登壇した著者の耳に誰かの問う声が飛び込んできます。

「倫理って何だっけ？」

三年連続、ほぼ同じタイミングでこの問いを耳にしました。

あと、毎年、初回から二、三回目までの講義中に、倫理を「ろんり」と読む人を見かけます。「論理」ではなくて「倫理」です。「りんり」と読みます。この「倫」の字義の一つに「仲間」という意味があります。

そこで、とりあえず倫理とは、

「仲間たちについて考えること」

だと思ってください。

3 倫理

〝とりあえず……と思ってください〟と、あいまいなことを言うのには理由があるのですが、この本ではその子細にふれません。それでも少しだけ事情をお話ししておきます。

できるだけきちんと「倫理とは何か」を説明しようとすると、その説明はおそろしく長くなるだけでなく、最終的に「……という理由で、現時点では倫理を具体的に定義づけることはできませんし、定義しないほうがいいと思います」と述べることになります。つまり、これから倫理の講義をしようという教員からして、「倫理とは何か」がわかっていないのです。それでこの本の表題も『理系の学生と学ぶ倫理』としました。

打ち明け話はこれでおしまいにして話を戻します。倫理とは「仲間たちについて考えること」です、とりあえず。そして、倫理は「仲間たち」と関係を築く「私」の有りようについても重視するので、倫理とは、

「仲間たち ＆ 私　について考えること」

でもあります。

また、「私」と「仲間たち」の関係においては利益相反もありますから、倫理は、

「仲間たち　vs 私　について考えること」

でもあります。

そして、人が意識的に「仲間たちについて考える」ようになるには、仲間と行動を共にして、仲間と一緒に物事を考える経験が必要なので、倫理は、

「仲間たちについて　仲間たち　と・考えること」

でもあります。

「仲間」というと、「数人からなる友人関係」をまず思い浮かべるかもしれません。しかし、「私」の生活を支えてくれる人々はみんな「仲間」と言えますから、「私を含む仲間たち」というのは「社会」のことだと思ってよいでしょう。

「社会」にまず入用なのは「ルール」です。倫理の「倫」の字には「秩序」という意味もありますが、「仲間関係／社会」を形成するには「秩序／ルール」が必要です。したがって、

倫理とは「社会のルール」のこと

という説明の仕方もできます。

「社会のルール」と言って、最初に引き合いに出される「決まりごと」は次のようなものです。

「人を殺すべからず」

「人のものを盗むべからず」

「人を殺してはならない」とか「盗みはいけない」というのは、現在のところ大多数の人が認める「社会のルール」であり、このようなものが一般に「倫理」と呼ばれます。

社会の形成・維持・発展には「ルール」が必要であり、そのルールをつくるためには「仲間たちについて考える」をします。そのさいに「私の利害」も考慮しますから、ルールづくりにあたっては「仲間たち　&　私について考える」と「仲間たち　vs　私について考える」もします。そして、ルールが実際に機能するのは、仲間たちのほとんどがそのルールを承認して順守する場合ですから、ルールづくりには「仲間たちについて仲間たちと考える」も必要です。

とはいえ、そのような「社会のルール」はすでにあらかた決まっていて、今さらルールについて考える必要はほとんどないように思われるかもしれません。たしかに、「人を殺してはいけない」とか「盗んではいけない」というのは、もはや動かしがたいルールと言えます。しかし、自分の生活に直接関わること、自分の身近なことについて、ルールを定める機会は意外とあります。

2 ―― エアコン問題

突然ですが、暑い夏の日に冷房をつけるとしたら、何度に温度設定するのが好ましいと思いますか？

室内にいるのが自分一人であれば、自分の好きな温度に設定できます（部屋の外部のことを考慮しないならば、ですが）。しかし、その部屋に複数の人がいる場合、自分好みの温度設定をすることで支障を来すかもしれません。たとえば、次のような状況です。

ある暑い夏の日、エアコンのある部屋に、同じ半袖のシャツを着た人が三人いて、この人たちがエアコンの設定温度についてそれぞれこんなふうに考えているとします。

Aさん「私はできるだけ低い温度に設定して、部屋をキンキンに冷やすのが好き」
Bさん「私が気持ちよく感じる設定温度は二六℃」
Cさん「私は冷房がききすぎていると体調を崩すので、できれば二九℃」

このような状況において、室内温度は何度にするのが正解なのでしょう？

Aさんが自分好みの温度に設定すれば、Cさんは体調を崩してしまいます。Cさんが自分好みの温度に設定したなら、AさんとBさんは不満に思います。

暑がりの人もいれば、寒がりの人もいる。相手には相手の都合があることは想像できるけれど、自分にも自分の都合がある。「私」は暑くて仕方ない。「私」は寒くて気持ち悪くなってきた。さてどうする。

このような状況において「落とし所を探る」のが倫理の仕事です。「落とし所」というのは、みんなの利害が一致しない難しい問題をソフトランディングさせる（みんなに与える衝撃をできるだけ小さくすること）ことのできる解決点のことです。

Aさん、Bさん、Cさんの三者によるエアコン設定温度問題において、三人が満点をつける「正解の温度」というのはちょっと考えにくいですよね。快適に感じる室温については人それぞれとしかいいようがありません。あるいは、Aさんが武威を示して「設定温度二四℃こそが絶対的な正解である」とすることも可能ですが、常識人はそのような無理強いをしないことになっているので、「エアコンの温度設定をめぐる倫理」はさしあたり、設定温度の落とし所探しということになります。それでは、エアコンの設定温度の落とし所（適切な温度）は何度なのでしょうか。

3 ―― 空気を読む

物事を決めるときの方法に「空気を読む」という手法があります。先ほどとは別の設定のエアコン問題を「空気を読む」で考えてみたいと思います。

ある暑い夏の日、冷房装置のある部屋に、先ほど登場した「Aさん」のような冷房好きな人が九人、同じく先の冷房が苦手な「Cさん」の計一〇人が、同じ半袖シャツを着て居るとします。この一〇人が空気を読んで冷房の温度を設定すると、どうなるでしょう?

この状況においてメンバーの全員が的確に空気を読むのであれば、その部屋はかぎりなく涼しくなることが予想できます。「Aさん」タイプの誰かが設定温度を二四℃にしてみたり、強風モードにしてみたりして、冷房を好む九人が気持ちよく涼んでいる一方で、冷房の苦手な「Cさん」が苦しんでいるような状況です。

倫理とは、仲間について考えたり、仲間とルールをつくったりすることですから、空気を読んで何かを決めることだって倫理的な行為と言えるはずなのですが、通常、このような状況をあえて「倫理的」とは言いません。「Cさん」がこの状況に納得していて、「私はいいの、みんなが幸せなら……ゲホ」と言っていたとしてもです。

「空気を読む」のがいけないというのではありません。「空気を読む」は、倫理にとっても大切な能力です。みんなで「空気を読む」ことによってその環境に最適の秩序やルールが生まれることもありえます。たとえば、「Bさん」タイプの人ばかりが一〇人集まった部屋において、みんなで「空気を読む」をして、室温を二六℃に設定することはその時点での最適解と言ってよいでしょう（電気代とか環境への影響などを考慮しないですむならですが）。

しかしながら、「強めの冷房で体調を崩してしまう人がいる状況での設定温度二四℃」を「落とし所」とは言いません。「Cさん」がぜんぜんソフトランディングしていないからです。Cさんだけハードランディングです。飛行機の胴体着陸のようなもので下手をすれば機体は大破です。

たかが冷房で大げさに思われるかもしれませんが、冷房で体調を崩すことは実際にあります。ある四〇代の女性は、連日の勤務で疲労をため込んでいたところをおして知人の結婚式に出席し、たまたま冷房による冷風が直接あたる席に通されました。披露宴のあいだ彼女はひたすらその冷風に耐え続けたものの、ついに倒れてしまい、以来この女性の体調はいつまでたっても回復せず、病院で処方された薬を長期にわたって服用し続けたそうです。

そんな大事になる前にこの人は会場を出るべきだった、と考える人もいるでしょう。あるいは、自分の体調に合わせて防寒着を用意すべきだった、とも。著者もそう考えます。ただ、おそらくこの人は「仲間たちとの関係に重きを置く」タイプなのだと思います。そして、彼女のような忍耐の人がしばしば、自己利益優先タイプの人（「ここは寒いから、私、帰るね」ということがすんなり言える人）の空けた穴を埋めるのだろうと想像すると、著者は彼女の失敗をあげつらう気になれません。

何らかの環境設定をするにあたって、みんなで「空気を読む」をした結果、幸いにしてみんなが「気持ちいい」と感じる環境になったのなら、その「空気を読む」は「倫理的であった」と見なすことも可能です。少なくとも、この際の「空気を読む」が非倫理的な行為であると言われることはないでしょう。しかし、みんなで「空気を読む」をして環境を設定した結果、仲間たちの一部がばたばた倒れていった場合、この「空気を読む」は「倫理的ではなかった」と言われたり、「こういうことがあるから倫理が必要なのだ」と言われたりします。「成功なら倫理的」、「失敗なら非倫理的」とはかぎりません。「ある行為の結末は散々なものであったが、その行為自体はきわめて倫理的であった」と評価されるような場合もあるからです。

話を戻しますと、先のエアコン問題について、もし、エアコンが苦手なCさんが、自分の事情をきちんと説明して設定温度を上げてもらえないか頼むなどしたなら、他の人たちは再び空気を読んで、設定温度を二八℃にすることにすぐさま同意してくれるかもしれません。実際、「いやです」「やめてください」「その要求は呑めません」と自分の口で言うべきときがあります。そして、相手に自分の意見をはっきり伝えることで、問題があっさり解決してしまうことは意外とあるものです。
しかし、世の中には「自分の意見を言えない人」もたくさんいます。また、他人からの配慮なくしては生きていけない、最低限の権利主張もできない人たちもいます。そのような「自分の意見を言えない人たち」が含まれる集団において、その人たちの事情を考慮することなく「空気を読む」をしたとき、それは暴力となってしまうかもしれません。たとえば次のような場合です。

ある暑い夏の日、冷房つきの部屋に一〇人の人がいます。この部屋にいるのは、「冷房の設定温度は低いほどうれしい冷房好き九人」と「赤ちゃん一人」。みんなで空気を読んで冷房の温度を設定すると、どうなるでしょう?

赤ちゃんがいる部屋を冷房で冷やしすぎてはいけません。また、赤ちゃんに冷房の風を直接あててはいけません。冷房で冷やされすぎた赤ちゃんの皮膚の表面温度は下がり続け、体温の維持ができなくなり、体のさまざまな機能に異常が生じます。しかし、最大勢力であるところの冷房好き九人が、言葉で主張できない赤ちゃんの事情を知ることなく率直に「みんな（九人）」の空気を読んだなら、その設定温度は低いものとなり、赤ちゃんは体調を崩してしまうかもしれません（付言しますと、赤ちゃんは暑さにも弱く、炎天下の自動車内で乳児が死亡する事故がしばしば報告されています。一般社団法人日本自動車連盟（ＪＡＦ）のテストでは、炎天下でエンジンを停止させた（エアコンを止めて窓を締め切った）自動車内の温度は、エンジン停止後一五分で最高五七度にまで達したそうです）。

「空気を読む」はシンプルで便利な方法です。

「空気を読む」の長所は、あまり手間をかけずに結論を出せる低コストなところにあります。しかし、「空気を読む」の欠点もまた、この低コストなところに由来します。

「空気を読む」が低コストなのは、「仲間たちと話し合う」手間を省くからで、こうすると問題の処理時間が大幅に短縮されます。このようなコストカットが一概に悪いとは言えません。工学などで問題解決の方法を選択するときには、「早くて安い方法」を選択すべき場合があります。しかし、あえて低コストの方法を用いたことによって、人々に明らかな害が及んだ場合、その方法を選択した人たちには倫理的な責任が問われることになります。

「倫理的な責任が問われる」というのは、換言しますと、

「あなたたち倫理をさぼったでしょ！　ちゃんと倫理しなくちゃダメじゃないの！」

と非難されることです。

「空気を読む」は、話し合いの手間を省いて意見をすり合わせるものなので、「空気を読む」によって問題の解決をはかる場合、

みんなで話し合ったなら、みんなで共有できたかもしれない「情報」
みんなで話し合ったなら、みんなで差し出せたかもしれない「譲歩」

といった、手間をかければ入手が可能なカードを使うことなく、みんなで解決点に降り立つことになります。しかし、それはおおざっぱに定めた解決点ですから、難なく着地できる人もいれば、うまく着地できない人も出てきます。そして、そのような困窮者を出した場合の「空気を読む」は倫理の欠如と見なされるのです。

「空気を読む」によって何かが決まり、その決め事の不具合が後で明らかになり、その不具合が生じたのは「空気を読む」というおおざっぱな仕方で決めたせいだ、と言われるとき、そこで問題とされていることの一つは「拙速」ということです。拙速というのは、「出来はまずいけれど、仕上がりは早い」という意味で、次のように使われたりします。

「巧遅は拙速に如かず」
（仕事の出来が「よいけれど遅い」のと「まずいけれど早い」のとでは後者のほうがすぐれている）

このように拙速は必ずしも悪い意味では使われず、仕事などでむしろ拙速が求められる場合もあるのですが、倫理にかかわる問題を拙速に解決しようとすることは基本的に避けなくてはなりません。

倫理は、かぎられた時間のなかで考えられるかぎりの手をつくして解決策を模索することを求めるのです。

4――科学的正解

それでは別の方法で考えてみましょう。次の手は「科学的根拠に基づいて問題を解決する」です。これは現代人の多くが採用している方法ですし、一番良い方法であるように思われます。しかし、「科学的な正しさだけ」で問題の解決を図ろうとすると、「空気を読む」と同じ轍を踏むことになります。

仮に、エアコン問題について科学的知見に基づいた解決を図るべく実証的な研究がなされた結果、一般的には冷房室温二六℃のときに最も作業効率が良くなる、という研究結果が出たとします。このような「科学的に確たる証拠がある」という状況において、特に暑がりの人は「真夏の室温は問答無用で二六℃にすべきである」という主張をしたくなるかもしれません。たとえば、最初のエアコン問題に登場した「Bさん」が、「真夏の室内の最適温度は二六℃」という「科学的根拠」を入手したとします。そして、「自分が常々思っていたことは科学的にも正しかったのだ」と確信した「B

さん」が次のように言い出したとしましょう。

「Aさん、設定温度を二六℃より低くするのは非常識です。物事は科学的知見に基づいて考えてください」

「Cさん、体調を崩すのは気の毒ですが、最適温度は二六℃というのが科学的真理ですから、何とか適応してください」

仮に冷房時の室温が二六℃のとき人々の作業効率が最も良くなるというのが事実だとして、しかし、二六℃を気持ちよく感じられない人が、一方的にこのような言われ方をしたらどんな気持ちになるでしょう。

「科学的根拠」は威力をもっています。そして、人が「科学的に正しい」を根拠に、ある主張をするとき、その口吻は抑制のないものになりがちです。たとえば、「この提案は〝科学的に正しい〟のに、あんた、この案に反対するわけ？　あんた、頭、悪すぎ。話にならない」といった具合に。

しかし、人が何かに反対するときには何かしら理由があります。それがものすごい勘違いである場合もありますが、そうではなくて、お互いに顔を合わせてじっくり話を聞いたなら、「たしかにそれは困りますね」と納得できる反対理由もあります。

そうした仲間たちの反対意見に向き合いつつ、みんなの意見を丁寧にとりまとめる形で解決点を模索するのであれば、「科学的正しさ」は、仲間たちがソフトランディングできる「落とし所」になりえます。しかし、「科学的正しさ」をそのまま仲間たちに適用することで仲間関係に亀裂が走ることもあります。

「『それ』は科学的に最適？　でも『それ』は、『この私』にとっては最適じゃない！」

このように不満をもった人々が暴れ出すとき、あるいは落とし所になったかもしれないその科学的最適点は、もはや落とし所ではない別の何かになっています。

「科学的に正しい」を「倫理的に正しい」に直結させる考え方は、「王様の命令」を「倫理的に正しい」とする考え方と同型と言えます。

後者の考え方は権威主義と言われます。権威主義というのは、自分の主張を「権威（王様など）」によって「真理である」と断言したり、自分でよく考えないで権威に服従することを言います。「権威主義＝悪」ではありません。人間が権威を尊重する感情もまた倫理的な役割をもっていて、人々が権威を適切に尊重することは社会の安定につながります。そのため、「権威主義的な倫理観」という言い方もできるのですが、しかし、

「王様が『二六℃が最適』とおっしゃっているのだから、つべこべ言わずにだまって命令に従え」

とか、

「AIが『二六℃が最適』としているのだから、議論など不要だ」

といったやり方で決定されたルールに黙って従うほど現代の人間は従順ではありません。

私たちは科学の恩恵に浴して生活をしています。そして何か社会的なルールを定めるときも、科学的根拠による裏づけを私たちは求めます。しかし、人間の有りようはさまざまであり、大多数の人にとっては容易に適応できる科学的最適解であっても、他方で少数の人に害を及ぼすことがあります。たとえば予防接種です。日本では現在、〇歳児からインフルエンザの注射を任意で接種することになっています。これは乳児の健康を守るためになされているのですが、ごくまれに重篤な副反応を起こす子がおり、毎年何人かの乳児が死亡しています。子を失った親はやりきれませんが、親は予防接種の際、医師に細かいチェック項目のついた同意書を提出していますから、不幸に見舞われた親をたんなる被害者と見なすことはできません。

子どもの親には「よく知らされた上での同意」をするための「知る権利」があり、対する医師には「情報を開示する義務」があるので、子どもの親には事前に予防接種の副反応に関する情報が提供され、親は副反応のリスクを承知の上で予防接種に同意する署名をします。このように「権利」とか「義務」などの考え方に基づくやり取りも「倫理」に当たります。

こうしたやり取りは面倒なものに見えるかもしれませんが、これも仲間関係を維持する大切な役割を担っており、こうしたやり取りを介することで、仲間同士の衝突を避けることができます。再び予防接種を例にとりますと、もし、予防接種の「科学的最適性」を根拠に、国の命令一下、親の許可なくその子どもに接種がなされ、その結果、子どもが副反応で死亡したとしたら、親は国に対する攻撃的な怒りを抑えがたく思うことでしょう。しかし、「知る権利」、「情報開示義務」、「よく知らされた上での同意」、それに、予防接種で重篤な副反応に見舞われた場合に親子を援助する「健康被害救済制度」といった倫理的安全網が整備された上で、倫理的なステップを踏んで予防接種が行われたのであれば、それによって不幸が起こったときの親の怒りや悲しみが、社会の破滅を願うような怨念にまで高じることは避けられるはずです。

倫理はたとえるなら梱包資材の「プチプチ」みたいな役割も持っています。複数の陶器の茶碗をプチプチなしで箱に入れて宅配便に出してしまうと茶碗が割れてしまうことがありますが、人間たちもまた、倫理のプチプチなしで一つ所に押し込まれたなら、欠けたり割れたりしてしまいます。

予防接種の例に見られるように、社会集団に対して斉一的に何かのルールを適用しようとするとき、一部の人に不利益が生じることがあります。「科学的に正しい／最適」であるようなルールでさえも、それに適応できず苦しむ人が現れます。その際、苦しむ人々を介抱したり、手助けする役割を担うのも倫理です。

「科学的に正しいこと」が幸いにして問題を一気に解決してくれることもありますが、「科学的に正しいこと」を人々に強制することで仲間関係が壊れてしまうこともあります。仲間関係は「科学的に正しいこと」に従うだけでうまくいくわけではないのです。

5 ―― 「仲間たちへの配慮」と「自分への配慮」

問題に対してどのような答えを出しても、納得できない人、利益を享受できない人、苦しむ人、反目する人、敵対する人は出てきます。そうであるがゆえに求められるのが倫理です。倫理は、利害の対立を抱えるあらゆる人を仲間にすることを目指すのであり、社会が倫理を必要とする理由もここにあります。倫理もまた、あらゆる問題に対して完璧な答えを提示できるわけではありませんが、人々の多くが倫理の必要を認め他者に配慮して行動するのであれば、倫理は現実に作用し、人々の生活を実質的に豊かにします。そのような場において人々は、他者を信頼したり、他者から信頼される経験を重ねることができ、そうして信頼を交換しあう経験をした人々はさらなる他者との協同へ向かいま

す。このとき人々は互いに互いを支え合う協力関係にありますから、あらためて倫理とは、

「みんなでみんなを支え合うシステム」

と言うことができます。このように話を展開させますと、その倫理システムというものの中身は具体的にどうなっているのか？　という大きな問いも出てきますが、この本はそれに答えることはできないので、身近なことで倫理を考えていきます。

最初に、倫理とは「仲間たちについて考えること」と言いました。しかし、一人の人間が社会の仲間全員のことを考えるのはまず不可能です。それどころか、自分の家から半径一〇〇メートル以内に住んでいる仲間たちのことさえほとんど知らなかったり、そもそも隣に住んでいる人の好きな食べ物が何であるかさえ知らなかったりします。仲間についてこのように考えを進めるとすぐに行き詰りますので、かわりに最も身近な人物であるところの「自分」に目を向けることにします。

「自分」は、過去・現在・未来とつねに同じではなく、時間の経過と共に変化します。変化するのは「見た目」だけでなく、「考え方」や「感じ方」についても変わります。

たとえば、当初のエアコン問題に登場した「Aさん」「Bさん」「Cさん」というのは、三人とも著者のことです。「Aさん」は一〇代の、「Bさん」は二〇代の、「Cさん」は三〇代後半の体調を崩していたときの著者です。著者はいわば、「Aさん」「Bさん」「Cさん」三人分の経験をしているので、

温度の感じ方は人それぞれであることを、身をもって理解しているつもりです。
仲間たちについて具体的に考えるのは難しいことですが、「抽象的な仲間たち」であれば、数人くらいは自分の中に見出せます。年を重ねた人であれば、「一〇代の自分」、「二〇代の自分」、「三〇代の自分」「四〇代の自分」「五〇代の自分」……を思い出すだけでも「仲間たちについて考える」になりますし、自分の記憶にない乳幼児期についても何人か乳幼児の世話をしてみると事情がわかってきますから、これも「仲間たちについて考える」の足しになります。若い人であれば、「元気なときの自分」「病気になったときの自分」「うれしいことがあったときの自分」「かなしいことがあったときの自分」などをそれぞれ思い出してみることは「仲間たちについて考える」の一助となるでしょう。
実際、「自分について考えること」は「仲間たちについて考えること」につながります。

乳児の私、幼児の私、少年の私、青年の私、中年の私、老年の私、
健康な私、病気になった私、裕福な私、貧しい私、
学生の私、会社員の私、無職の私、
育児をする私、家族の介護をする私、家族に介護される私。

などの「かつてそうであった私」あるいは「将来そうなる可能性のある私」という「〝さまざまに変転する自分〟に対する配慮」は、そのまま「仲間たちに対する配慮」に置き換えることができます。

そして、以上のようなことを踏まえるならば、

「仲間たちについて考える」＝「利他主義」

「自分について考える」＝「利己主義」

とは必ずしも言えないことがわかります（「利他主義」は、自分の利益を顧みず、自分を犠牲にしてでも他人の利益を優先すること、「利己主義」はその反対で、他人を犠牲にしてでも自分の利益を優先することです）。「仲間について考える／自分について考える」を厳密に行うなら、その思考はたんなる「利他主義」や「利己主義」には陥りません。直接的・即時的にではないものの、「仲間たちに対する適切な配慮」は「自分の利益」に、また「自分に対する適切な配慮」は「仲間たちの利益」につながるからです。

倫理は、仲間たちが互いに互いを気づかう想像力によってその生命を維持しています。みんなそれぞれにそれぞれの事情があること、誰でもかつては赤ちゃんで周囲の大人たちの世話になったこと、あるいはこの先、自分が事故に遭って身体を自由に動かせなくなるとか、年老いた家族の介護をすることになるなど、自分に起こり得るさまざまな状況についての想像を仲間たちと共有することが倫理の命脈を保ちます。自分がかつてそうであった、またはそうなる可能性があるところの「仲間たち」に思いを馳せる豊かな想像力が、「みんなでみんなを支え合うこと＝倫理」を正当化するのです。

6 ―― 倫理は「話を通じさせる」

で、結局、エアコンの温度設定問題はどうなった？　ですよね。この問題については、「そのときの状況やお互いの事情を勘案してみんなで決めてくださいね。以上」で終わらせたいのですが、あえてもう一度、問題を取り上げげます。最初のエアコン問題はこのようなものでした。

部屋に同じ半袖のシャツを着た三人の女性がいて、彼女らはエアコンの設定温度についてそれぞれこう考えていた、

Aさん（二〇代）：「私は部屋をキンキンに冷やすのが好き」
Bさん（二〇代）：「私が気持ちよく感じる設定温度は二六℃」
Cさん（三〇代）：「私は冷房で体調を崩すので、できれば二九℃」

このようなとき、エアコンを何度に設定したらよいか？

そして、この「Aさん」、「Bさん」、「Cさん」というのはみな著者のことであり、それぞれが、「一〇代の私」、「二〇代の私」、「三〇代のある年の調子の悪いときの私」であると明かしたのでした。

さて、ここに第四の人物、「現在の私」が入室してきたとします。年齢の異なる四人の私がいるシュールな状況で、四人の私が「エアコンをつけようか、何度にする?」などと言いはじめます。ここで「現在の私」は、「過去の私」がみんな動きの遅い人たちであることを知っているので、すかさず行動に移ります。

まず、「世間では、冷房は二八℃に設定しましょう、なんて言いますよね」などと言いながらさっさと二八℃に設定し(兵は拙速を尊ぶ)、次いで「Cさん」にタオルケットを渡し、それから急いで「Aさん」と「Bさん」に氷をいれて冷たくしたお茶を出し、それから「Cさん」に暖かいお茶を出し、さらに「Aさん」と「Bさん」に向けて「アイスクリームを食べますか?」と声をかけます。

「これこれの状況においては冷房を何度に設定するのがよいのか?」という問題を出しておいて、冷たいお茶だのタオルケットだのを持ち出すのはずるい、ですよね。おまけに、「物事を決めるときには仲間たちと相談しましょう」みたいなことを言っていたのに、「兵は拙速を尊ぶ」などとうそぶいて相談なしに二八℃に設定するのは話が違う、ですよね。

それではこういうのはどうでしょう。「現在の私」が、「Aさん」と「Bさん」の二人に「好きな温度に設定してくださいね」と言ってから、「Cさん」に「ちょっとお話ししたいことがあるので、こちらへどうぞ」といって、「Cさん」を別の部屋に連れ出すのです。

その答えもずるい、ですか。すみません。言い訳をしますと、「Aさん」こと「一〇代の私」と、「Bさん」こと「二〇代の私」は、冷房の効いた部屋で寒そうにしている人の気持ちがわからない人でした。当時の私は暑がりで多少涼しすぎる部屋でも平気でしたし、一〇代二〇代の私は今よりさらに気の利かない人間でした。対する「三〇代のある年の体調の良くないときの私」は、夏の日の屋外をしばらく歩いてから冷房の効いた電車に乗り込むと、とたんに体が冷え切って力が抜けるような気がしたものでした。おそらく、このときは出産後で体が弱っていたのでしょう。この感覚は一〇代、二〇代の私には知りようのない感覚で、「冷房で体調を崩す」と言っても若い彼女らにはわからないだろうなあ、と「現在の私」は思ってしまいます。

そうした事情を勘案して、「現在の私」は、「Cさん」こと「弱っているときの私」を守ることを主目的に、前述のような行動案を提示しました。しかしながら、「Cさん」を守るためとはいえ、「Aさん」「Bさん」「Cさん」の意向を無視して、年長者の私が勝手に環境を整えるのが良いことであるとは言えません。

若い彼女らであっても、事情をきちんと説明すれば、うまく利害を調整してくれるかもしれないのです。それに、たとえ気を利かせているつもりであっても、年長者の私が自分一人で環境を整えてしまうことは、若い彼女たちから「仲間集団における利害調整」の機会を奪うことにもなります。

「現在の私」が、「一〇代の私」や「二〇代の私」と相談しようとしなかったのは、彼女らにはうまく話が通じないだろうと思ったからで、つまり彼女らを子ども扱いしたのでした。これは褒められる行為ではありませんが、現実的に、子ども判定された人が相談の場から遠ざけられることは多々あります。「話のわかる少数の人たち」だけで話し合えば、相談事は捗るし、決定までの時間は短くて済むし、その決定事項は洗練されたものになるだろうし、とにかくいいことずくめのように思われます。しかし、長期的に見るならこれは良い手とは言えません。「倫理を知っている少数の人たちによる采配」で社会がある時期うまく回ることはありえるかもしれませんが、その人たちが年を取って死んでしまったり、有事の際に外国に逃げ出してしまったり、他の惑星に移住してしまったりしたら、残された人たちは困ってしまいます。やはり、仲間たちの誰もが読み書きできるほうが良いように、仲間たちの多くが倫理の必要性を理解しているほうが良いのです。そして、そのために私たちがすべきことは、さまざまな人とたくさん相談することです。

話者同士が共に「仲間たちについて考える」をしながら話をすると、その相談自体がとても楽しくなることがあります。以前、著者がよかれと思って提案したことについて、年下の友人が、その提案にはこういう不備があるよ、と指摘してくれたことがありました。著者はその友人に自分の考えをつぎつぎ話し、その考えはつぎつぎ彼女にひっくり返されていったのですが、それでも著者はそのやり取りをとても楽しく感じたのでした。彼女からは著者に対する配慮が感じられ、しかもその発言には説得力がありました。それに彼女の話し方には「あなたが私の利害に配慮しようとしてくれていることを私はちゃんと感じ取っていますよ」というメッセージが含まれているように思われました。著者は彼女を信頼して自分の利害について率直に説明し、彼女はそれを踏まえた上で、かつ彼女自身の利害もきちんと反映させて、両者ともに無理が生じない、しかも両者に利益のある提案をしてくれたのでした。

このとき著者は彼女と「話が通じている」と思いました。そしてこの際に話を通じさせてくれた功労者は倫理です。「仲間について考える」の倫理は、人々の話を通じさせ、人々を協同させ、人々を成長させます。「話が通じた！」という幸福感を伴う相談の成功体験は人を成長させるものですが、著者もまたこの年下の友人に成長させてもらったのでした。倫理的に行動する人は、自分よりずっと年上の人を成長させることもありますし、反対に、自分よりずっと年下の人や、それこそ乳幼児に成長させられることだってあります。そこで最後に、「倫理」の説明をもう一つ加えたいと思います。

「倫理とは育てること」

倫理には「〇〇してはダメ！」を連呼する「べからず集」のイメージがありますが、それは倫理の一部で、倫理は多くの点で「育て」に関わっているのです。

以上、「倫理って何？」という問いにとりあえずの答えを提出しました。「それで結局エアコン問題はどうなった」ですか？　気の利いた答えを提示できず、面目ございません。しかし、模範解答などなくてもみなさんはそのときどきでうまくやってくれることでしょう。うまくやれなかったとしても、あなたの「他者への配慮」が人々に伝わったなら、きっと誰かが味方になってくれると思いますよ。

第2章

責任

1――その責任、こちらが負えと言うのですか？

「責任を負え」と言われてうれしい人はそういないと思います。著者は担当授業において「科学者や技術者には～～という責任があります」というフレーズを連呼する役目を負っているのですが、これは技術者が担うべき責任、これも技術者の責任、と説明しているうちに、学生のみなさんの表情が曇ってきます。たとえば、次のような話を聞くと、みなさんはどう思われるでしょうか？

【シュレッダー指切断事故】

自宅兼事務所に設置していたシュレッダーに二歳八カ月の女児が手の指を挟んで九本切断した。（事故発生年月二〇〇六年三月）

勤務先のシュレッダーで二歳の女児が紙と一緒に手も入れ、人さし指と中指の第一関節から先を切断した。（事故発生年月一九九七年五月）

（国民生活センター「くらしの危険 Number 275 指を切断することもあるシュレッダー」 http://www.ko

kusen.go.jp/kiken/pdf/275dl_kiken.pdf　より引用、二〇一七年九月二三日入手)。

保護者が目を離した隙に子どもがシュレッダーに手を巻き込まれ、指を切断してしまったという事故です。

事故のあったシュレッダーの取扱説明書には「子どもに触らせないこと」などの注意表示があったこと、保護者が子どもをよく見ていなかったことなどを話した上で、この事故についてどう思うか尋ねたところ、クラスのほとんどの学生が「これは親が悪い」つまり、親の監督不行届きであり、事故の責任は親にある、と答えました。

しかし、技術者倫理の観点からすると、この製品事故については製造事業者の側にも責任があると考えなくてはなりません。そう話すと、一部の学生から、そんなふうになんでもかんでもメーカーの責任にしていたら、メーカーは立ち行かないではないかという反論がなされました。

そこで、みなさんに納得していただこうと、経済産業省が公表している次のような文章を読んでもらいました。

【事故事例】家庭用シュレッダー事故

例えば、ホームセンターで売られている比較的安価なシュレッダーにおいて、家庭で子どもの手指を切断するといった事故がありましたが、これを単に使用者の誤使用（過失）と判断して、消安法の製品事故ではないと結論付けることは極めて早計な判断であり不適切です。

なぜなら、メーカーは、個人情報保護法の施行などを背景に、家庭でのシュレッダーの需要が増加していることを知って、家庭で使用されていることを把握していながら、製品の仕様（投入口の幅や投入口から刃の位置）については業務用の仕様を改めることなく、子どもなどがいる家庭での使用を考慮した設計・製造の変更をせずに売り続けました。この結果、投入口が幅広で、また、刃の位置も子どもの手でも十分届く位置にあり、また、投入口の材質が柔らかく、たわんで指が入るなど、製品の欠陥がないことが明白とは必ずしもいえません。したがって、こうした事例は、消安法における製品事故に該当すると判断することとなります。

安易に、子どもの行動をつねに監視していない使用者（親）の誤使用であると結論付けることは、適切な判断とはいえません。

（経済産業省「『製品事故』の定義」 http://www.meti.go.jp/product_safety/producer/point/ 03-1.html より引用、二〇一七年九月二三日入手）。


「ほら、経済産業省がこのようにおっしゃっているでしょう？　だから、これは技術者が負うべき責任としてみなさん納得してくださいね」というつもりでこの文章を読んでもらったのですが（権威主義的な手口）、それでも「承服できない」というかんじの方が何人もおられるようでした。そこでさらに説明を加えることにしました。

先述のように、製造事業者はシュレッダーが家庭内で使用されていることを把握していました。では、「家庭」とはどのような場所で、どのような状況が想定できるでしょうか。

家庭という場所には乳幼児がいることがあります。そして、乳幼児は、とにかく何でも触り、舐め、口に入れようとする習性があります。乳幼児は、穴があればどこにでも指をつっこんでみたり、物を差し込もうとしたりします。こうしたことは常識であり、製造事業者はこのような予測可能なことについては配慮をする義務があるため、この事故は製造事業者側が保証責任を負うことになるのです。

以上のように説明したところ、今度は乳幼児について「常識？　自分はそんなこと知らなかった」というつっこみが聞こえてきたのでした。

「メーカーの責任」とすることに不服な人たちは、この事故は本来、親の不注意によるもので親の責任とすべきところをメーカーに「余計な責任」を負わせるもので、「これは不公平である」という思いを抱いたようでした。

ある「責任」が、みんなで平等に負う、厳密に「等分負担の責任」であれば、たいていの人は受け入れるでしょう。しかし、これが等分ではないときや、それどころか他人に倍する責任を負わされるとなると、当然これを不満に思う人が出てきます。「自分の荷物はあの人たちの荷物より重い！　これは不公平だ！」というわけです。

責任をみんなで適切に分担し、誰かに負担がかかりすぎることは避けよう、というのは大切な考えですし、みんなで共に荷物を運ぶ際に一部の人たちが荷物を運ばずに遊んでいるとき、「ずるいじゃないか！」と怒って指摘できる人は社会に必要です。そして、仕事の分担や、利益の分け前の公平さにこだわることは、社会を形成する人間にとって必要な感情です。仲間たちみんなでうまく生きていくために、集団のメンバー全員ができるだけ公平に負担を担う仕組みを作らなくてはならないことはたしかなのですが、しかし、責任を均等に配分することは実際に可能なのでしょうか。

2 ―― 誰かが楽しいと誰かが楽しくない問題

誰かが楽しいとき、それによって他の誰かが楽しくなくなることがあります。たとえば、

- 誰かが得をすると、誰かが損をする
- 誰かが目立つと、誰かが目立たなくなる
- 誰かがモテると、誰かがモテなくなる
- 誰かが大学入試に合格すると、誰かが不合格になる

・誰かの提案が採用されると、誰かの提案が不採用になる
・誰かが「サッカーしようよ」と言ってサッカーがはじまったけれど、誰かは「野球をしたかったのに」と思っている

今が楽しい人、とてもごきげんに楽しんでいる最中の人は、自分のとなりの楽しんでいない人、しかも自分が楽しんでいるまさにそのせいで苦痛を感じているとなりの人のことがあまり目に入らなかったりします。何かに夢中になっている人の視野が狭くなることはよくあることにしても、「私は楽しい、それゆえに私の行っていることは正しい」と考えるわけにはいきません。同じ出来事に対する感じ方は、人それぞれに異なるからです。

みんなそれぞれにそれぞれの都合があります。それくらいのことは承知していると思うかもしれませんが、失礼ながら「他人には他人の都合があり、自分には自分の都合がある」の道理をきちんと理解できている人はそれほど多くないように思います。かく言う著者もこのことをいまだに理解していません。その証拠に著者は今でも他人にむかつくことがあります。たとえば、「君はなにゆえに食卓の下の床に練り歯磨きを直径三〇センチもの大きさに塗り広げているんだ！」とか。

たとえがおかしいですか。でもこれは実話です。かなしくなりますよ。掃除機をかけて床をピカピカにして、じゃ、次は洗濯物を干そう、とベランダに出て、洗濯物を干して、部屋に戻ってみたら、

床にねっとり、直径三〇センチの大きさで練り歯磨きが塗り広げられていたら。

しかしながら、この蛮行に及んだ人物にもまたその人なりの都合があるのです。ですから、こうしたことにむかついている間は、自分は他人の都合に配慮できるなどと言うことはできません。

ちなみに、著者はこの人物による蛮行を日記に記録しています。この人物によるその他の犯行は次のとおり。

・五つのコップを床に並べ、次々に水を移し替える（床は水浸し）
・洗面所のシンクで行水（洗面所は水浸し）
・洗濯物を干すためにベランダに出た母親を、窓の内側から鍵をかけて締め出す
・ほうれん草のごまあえをつくるために、ごまをすり鉢ですり、それをテーブルに置いておいたら、そのすり鉢になみなみと水を入れ、その「ごま水」を食卓の下の床に直径三〇センチに塗り広げる
・ゆでたまごを口に入れ、口から出し、遠投
・ぶどうを食べ、ぶどうの皮をまとめ、絞り、その汁を食卓の下の床にぬり広げる

これらの行為の犯人はほかにもえげつないことをなさってます。しかし、繰り返しますが、これらの行為に及んだ人物にはその人なりの都合、しかも合理的なご都合があるのであり、これらの蛮行は

この人物にとっては必要なことなのです。そして、著者はこの人物（＝当時三歳の著者の娘）の蛮行に、可能な限りつき合う義務があると考えています（付言しますと、みなさんもかつて似たようなことをなさっていますからね。それも数年にわたって）。

きびしく叱るべきだと思われるかもしれません。しかし、二歳や三歳の子どものやることをやたらと禁止するのはむしろ有害です。一般に、二歳になるころから「イヤイヤ期（一次反抗期）」がはじまるとされ、また、三歳には「魔の三歳児」という呼称があり、二、三歳の幼児はとにかく大人を困らせるさまざまな行為をするのですが、幼児が何かに強く興味をもち、何かに集中して遊んでいるときは、危険がないかぎり、その何かに集中させてあげる必要があります。

幼児たちは遊びを通して「生きる力」を育みます。その遊びは大人からすると困ることも多いのですが、その遊びによって子どもたちは自分で自分の身の回りのことができるようになるのです。

著者の三歳の子が何かをやっているとき（私は楽しい！）、その何かは親にとっては困ることだったりします（私は楽しくない！　さっさとやめてくれ！）。しかし、その「楽しい！」は彼女にとって必要な「楽しい」であり、著者の「楽しくない！」はこの場合、ひっこめておかねばなりません。少なくとも著者はそうしたいと考えます。

みんながみんな個性を開花させ、つねに「私は楽しい！」でいられるものなら良いのですが、実際には「誰かが楽しいと誰かが楽しくない」ことが多々あり、しかも、どこかの時点で「私は楽しくない」を主体的に引き受ける必要があるのです。

自分の仲間たち（倫）がすくすく育つために必要なことをする、その必要なことを誰でもできるよう筋道を通す（理）、それが倫理です。そうした覚悟をして、たとえば幼い人たち、若い人たちのために「席をあける」ことを意識しながら行為するとき、その人は倫理的な行為をしていると言えるのではないでしょうか。

「自分の好きなことをしたい！」

もちろん結構です。

「他人に自分のしたいことをじゃまされたくない！」

そうですよね。

「私は自分のやりたいことを最優先する！」

悪いことではありませんが……。

倫理は「人々が互いに支え合うシステム」と言いました。この支え合いシステムはその構成員に一定の仕事を課すため、その分、各人の自由度は下がります。しかし、そのシステムをうまく構築するなら、結果的に各構成員の自由度は大きく上がる可能性があります。

もう少し、著者の子どもの話をさせてください。彼女が二歳になるかならないかというとき、彼女に洗濯物干しブームが到来しました。著者が洗濯物を干しはじめると、彼女も衣服を手に取り、洗濯ばさみをいくつもでたらめにつけたり、衣服をハンガーにぐるぐる巻きつけたり、はては洗濯ばさみを一〇個くらいつなげて洗濯ばさみアート作品を作り上げたり。こちらからすると洗濯物を干すことを妨害されているだけなのでたまったものではありません。しかし、作品制作中の彼女の顔はかがやいているものですから、仕方ないと好きにさせていました。

その一年後。彼女に「シャツをハンガーにかけて洗濯ばさみを一つつけて」と頼むと、そのとおりにして「はい、どうじょ」と言って手渡してくれるようになりました。もちろん自分一人で作業したほうが彼女の何倍も早く作業は終わるのですが、それでも共同作業が可能になったのはなかなかの進歩です。あと数年したら、彼女はきっと洗濯物を全部干してくれることでしょう（願望）。

もう一つ別の話です。著者は本を読むのが好きなのですが、ここのところ家事と育児で読書の時間を確保できずにいます。とはいえ、まったく読んでいないわけではありません。日によりますが、一日五、六冊以上は読んでいます。疑わしいですか？　そんなことが可能なのは、そう、子どもに絵本を読んでいるからです。

幼児はときに同じ本を五回六回と繰り返し読むよう親にせがむことがあります。同じ本を何度も読むよう要求するとき、子どもの頭の中はとても調子のいい状態にあるので（楽しい！）、大人はこれにできるだけつき合うのが良いとされているのですが、同じ本を繰り返し朗読する大人はだんだん辛くなってきます（楽しくない！）。楽しそうにしている子どもを見ればそこまで苦痛でもないのですが、絵本の読み聞かせは「親の義務である」とでも思わないと、ちょっと続けられません。そうして娘の絵本を読み終わると、今度はその下の小さな息子がやはり絵本を「あい」と言って手渡してくるのをまた二度三度繰り返し読み、それが終わるとまた、娘が別の本を持ってきて、というのを毎日繰り返しています。読み終わればそれなりの達成感もあるのですが、同時に「なるほどこうして社会に遅れをとるのね」と遠い目をすることも間々あります。

育児が女性の社会進出を阻むという話をしたいのではありません。ここでのテーマは「誰かが楽しいと誰かが楽しくない」です。著者は「ウィン―ウィンの関係を築こう」と言いたいわけでもありません。ここではただ、みんながつねに勝とうとしたら、「支え合いのシステム」であるところの倫理は不可能になる、という話をしたいのです。

もちろん「勝ちたい！」という感情を持つのはよいことです。加えて、妬みや嫉みのような負の感情とされるものも人にとっては必要な感情です。「卓越したい」「他人に抜きんでて秀でたい」と思うのはよいことです。それはいいのですが、みんながみんな、自分のやりたいことだけをやったとしたら社会が成り立たないこともまた確かです。

ではたとえば、養育者が「自分のしたいことを優先する！」と決意して、乳幼児とコミュニケーションをとることをやめたらどうなるのでしょう。

そのむかし、ヨーロッパ一三世紀の神聖ローマ皇帝フリードリッヒ二世が、人間の話す言語について知るために次のような実験をしたと言われています。彼は何人もの乳児を集めさせ、その乳児たちに「一言も」言葉をかけることなく育てさせました。それは「最初の言葉であるヘブライ語をしゃべるか、あるいはギリシア語か、ラテン語か、アラビア語か、それとも親の言葉か、という問題を解決するため」の実験だったのですが、「子供はみな死んでしまった」と伝えられています（チャールズ・H・ハスキンズ（別宮貞徳・朝倉文市訳）『一二世紀のルネサンス――ヨーロッパの目覚め』講談社、二〇一七年、三二二頁）。

「親はなくとも子は育つ」は間違いではないのですが、それは条件つきであって、乳幼児期のコミュニケーション不足は子どもにとって致命的なのです。

大人たちの怠慢で子どもたちが育たなくなることは大問題ですが、大人たちのほうだって、ケガをしたり、病気になったり、老いて身体の自由がきかなくなったりしたら、自分たちより若い人たちのお世話になるわけです。そのとき弱った大人たちのケアを若い人たちが拒否するならば、その社会は立ち行かなくなります。世界にはさまざまな社会がありますが、どのような社会であっても配慮しなければならないのは持続可能性です。そして、「私は必要最低限のことしかしないぞ」という人が増えすぎた社会を持続させるのは至難のわざです。

社会を持続させるためには、他人の荷物をあえて余計に背負う人の存在が不可欠です。乳幼児・未成年者・病気やけがをしている人・高齢者などを守り育てることを自分の仕事として引き受ける人たちや、人々の安全・健康・衛生に配慮する人たちが必要なのです。多様な人々で構成されている複雑な社会において、そのメンバー全員に「等分の責任」を負わせることは不可能であるだけでなく、メンバー全員が厳密に「責任の平等」を目指すことはかえって各人の責任感情の低下を帰結し、その集団の将来に暗い影を落とすことになるでしょう。

「誰かが楽しいと誰かが楽しくない」問題は解消しがたい問題です。「支える・支えられる」関係における不均衡はあらゆるところにあります。誰かが楽をし、誰かに余計な負担がかかる。これはいつの時代でも、どこの社会でもあることです。しかし、これをまとめて不公平扱いするのではなくて、「正すべき不公平」と「誰かが自分の責任と見なして主体的に引き受けることが必要な仕事」とを区別する必要があります。

あらためて「シュレッダー指切断事故」にふれますと、技術者ではない一般人の立場から言うならば、親の不注意という側面も否定できないように思います。ただ、事故に遭った二歳の子たちの親は、おそらくシュレッダーに子どもの手が巻き込まれるという事態を予測しなかったのでしょう。もちろん一般人であっても野生の動物と同じように、あらゆる危険を予測して行動すべきですが、とくに乳幼児を育てていると、「親の不注意」と「子どもによる予想外の行動」が重なってヒヤッとする場面にたびたび遭遇します。

著者の娘によるあれこれのいたずらの話を先ほどしました。あれを読んで「親が不注意すぎる」と思われたかもしれません。著者の場合は自分の不注意に恥じ入るばかりです。でもですね、反論はしませんが、言い訳はさせてください。たとえば、ある朝、お父さん用の朝ご飯と、お父さん用のお昼のお弁当と、三歳児の朝ごはんと、〇歳児の朝ごはんと四種類の食事を用意しつつ、その合間に〇歳児のおむつを替えたり、着替えをしたり、ミルクをあげたりということもしているとですね、監視の目を逃れた三歳児が新実験をはじめているのに気づくのが遅れたりするのです。

著者のような不注意な母親と乳幼児のいる自宅に、もし問題のシュレッダーがあったとしたら事故が起こっていたかもしれません。仕事をする上でどうしても自宅にシュレッダーを置く必要があるとか、職場兼自宅に住んでいてシュレッダーは必需品という状況において、幼児の手の届くところにあの問題のシュレッダーを置いてしまう可能性を著者は否定しきれません。広大な屋敷であれば、幼児にとって危険性のある製品を幼児から隔離することは容易です。しかし、狭いアパートで家族四人暮らしをしていますと、「危ないものは幼児の手の届かないところに置く」ということをしたくてもできないことがあるからです。

どうでしょう。シュレッダーの事故について、「安易に、子どもの行動をつねに監視していない使用者（親）の誤使用であると結論付けることは、適切な判断とはいえません」とする経済産業省の見解を受け入れられそうですか？　いろいろお考えはあるでしょうが、このようなケースについて、少なくとも法的に罰せられる可能性があることは知っておいてください。

製品の使用者のなかにはさまざまな人たちがおり、そのなかにはいろいろな理由から弱い立場にある人もいます。それゆえに技術者は、あらゆる使用者による予測可能な使用方法について、心を尽くして配慮し、事故を回避すべく努力しなくてはならないのです。そして、製品製造事業者側がその責任を果たすことを怠った際には、場合によっては賠償責任が生じたり（被害者にお金を支払うということです）、刑事責任を負うこと（刑務所に入ったりすることです）になります。

著者は、人間はみな、つねにあらゆる他者に親切をし、役に立とうとすべきだ、という主張をするつもりはありません。「個人的な他人への親切」については、自分の気の向いたときや、その親切によって自分も他人も気分が良くなりそうなときにするのがいいのではないかと思います。

しかし、「プロフェッショナルとしての仕事人」や「プロフェッショナルとしての技術者」となると話は別です。プロフェッショナルと呼ばれる人々は、人間の営みに関わるさまざまな知識を持ち、さまざまな事態を予測し、人々の安全を確保することを最優先します。逆に言えば、どれほど腕のいい技術者であっても、「みんなの安全や健康を守りたい」「みんなの福利に寄与したい」という高い責任感を持たない人は「プロフェッショナル」とは呼ばれないのです。

科学技術には危険が伴うこと、「完璧な安全はありえない」ということについては一般人であっても理解しなければなりません。また、「リスクをとる」ことはかならずしも悪いことではなく、むしろリスクをとるべき場合もあります。「リスクをとるか」それとも「リスクを回避するか」という問題については「確率の問題」として処理されるなど、技術的な問題として扱われることも多く、科学者や技術者にはこうした観点からリスクを適切に評価する能力が求められます。ただ、そうした専門的なレベル以前の問題として、職業人が最優先すべき「公衆の安全」への配慮を怠り、目先の利益のことしか考えなかったばかりに大事故を起こし、結果的に金銭的にも大損害を被ったという事件がたびたび起こっています。

3　自動回転ドアの死亡事故

【自動回転ドアの死亡事故】

二〇〇四年三月二六日、東京都の大型複合施設「六本木ヒルズ」内の森タワー二階正面入り口で、六歳の男児が自動回転ドアに頭を挟まれ、亡くなった。男児は四月に小学校に入る直前で、母親と観光に訪れていた。男児は回転ドア付近で母親の手を離し、小走りでドア内に入ろうとした。男児は「駆け込み防止フェンス」をすり抜け、「挟まれ防止センサー」に感知されないまま、閉じかけたドアの側面ガラスと固定のステンレス製の枠との間に頭を挟まれた。母親や近くにいた人たちが回転ドアを逆方向に動かして男児を引きずり出したが、ほぼ即死状態だった。

二〇〇五年三月三〇日、東京地裁は業務上過失致死罪に問われた森ビルと自動回転ドアの製造元である三和タジマの計三人に対して、「過去に同様の事件が起きており、事故を予見できた」として有罪判決を言い渡した。

（齊藤了文、坂下浩司編『はじめての工学倫理 第2版』昭和堂、二〇〇五年、五〇―五三頁に基づく）。

この自動回転ドアは、人が無理に入るとセンサーが感知して自動的に止まる仕組みでしたが、死亡した男の子はセンサーに感知されませんでした。このセンサーは、もとは高さ八〇センチから感知できるように設定してあったのを一二〇センチ以上しか感知できないように変更したのだそうです。そして死亡した男の子の身長は一一七センチでした。

この男の子は六歳でしたが、二歳になる前の男の子でも突然母親の手をふりはらって走り出すことがあります。そんな一歳七カ月〜二歳未満の男の子の平均身長は、七六・六センチ〜九一センチです。そのため、センサーを高さ一二〇センチ以上しか感知できないように変更したこと（しかも、事故後の警視庁の現場検証では、地上一三五センチまで反応がなかったそうです）は幼児を持つ親からするとかなり不安に感じる話なのですが、センサーが感知する高さを変更したのは、駆け込み防止フェンスのベルトが風に揺れてたびたびセンサーに感知されドアが誤作動した、という理由からだったそうです。

また、この自動回転ドアは、センサー検知後からドアが停止するまでに動く距離が二五センチありました。さらに、ドアに人が挟まれたとき、ドアを逆向きに押し返す安全装置もありませんでした。このことが意味するのは、たとえセンサーに感知されたとしても事故を避けられない構造的問題があったということです。

当該自動回転ドアは、ヨーロッパのあるメーカーによって製作された自動回転ドアを基に作られたものでした。ヨーロッパには「回転ドアは軽くてゆっくり動くものにしないと危険」という考え方が定着しており、実際その手本にあった方の自動回転ドアの回転部分には軽いアルミが用いられていたそうです。また、この自動回転ドアは、センサーに手をかざしてドアを止めようとするとドアは瞬時に止まり、ドアに手が挟まれたり巻き込まれたりすることはまったく起こらないように作られていました。しかし、事故を起こした自動回転ドアを製造した日本のメーカーは、「超高層ビルの内外の圧力差による強い風圧に耐え、かつ見栄えの良いものを」という顧客の要求に応えるために、回転ドアの骨材をアルミからスチールに変更したり、高級感を醸し出すためにステンレスを貼り付けたりしました。その結果、手本とされた自動回転ドアの三倍以上の重量を持つ自動回転ドアが出来上がってしまったのです。

　六本木ヒルズがオープンしてからこの死亡事故が起こるまでに、三二件の「回転ドアの事故」が報告されており、そのなかには、女の子が同機種の自動回転ドアに挟まれ、耳などに怪我をした事故がありました。しかし、その事故報告は生かされませんでした。まるで子どもや高齢者や障害者の存在が目に入らないかのように健常な成人にとっての快適性や効率性が優先され、そして、女の子が怪我をした事故の四カ月後に六歳の男の子が頭を挟まれて死亡したのでした。

　このような事故で「誰に責任があるのか」ということを特定することは困難です。この裁判ではメーカー側と施設側の上層部の人たちが責任を取る形になったわけですが、この回転ドアに関与した他の人たちの責任についてはどうなのでしょう？　かなり多くの人々が、この回転ドアの設計、製造、設置、管理に関わっていたはずなのですが、それらの関与者たちの中に、この商業施設に子どもや高齢者や体の不自由な人たちも訪れることを想定して、この回転ドアの危険性を指摘した人はいなかったのでしょうか。「社会的弱者の安全を守る」ことを自分の仕事として、自分の責任として引き受けようとする人はいなかったのでしょうか。商業施設に訪れた大人たちが「わあ、すてき」と褒めたたえる「見た目が立派な回転ドア」というのは、子どもたちの身の安全と引き換えにできるほど素敵なものなのでしょうか。

【参考文献】

公益社団法人 日本技術士会登録技術者倫理研究会 監修『技術者倫理 日本の事例と考察』丸善出版、二〇一二年、六二―六五頁。

電気学会倫理委員会『技術者倫理事例集』オーム社、二〇一〇年、三〇―三六頁。

4 ―― 責任を引き受ける

自分に任された仕事さえ遂行すれば、それで責任を十分に果たしたと言ってよいのでしょうか。どの範囲までを自分個人の責任とみなすかについては各人の裁量に任される部分が大きいのですが、このことを考える際、私たちは次のことを考慮に入れておかなくてはなりません。それは、今の私たちの社会では私たちの個人的な想像をはるかに超える多くの人たちが「自分に求められている以上の責任」をあえて引き受け「余計な仕事」をしてくれている、ということです。もし、そうした人たちが一斉に「これは私の本来の仕事ではないから、やーめた」ということにでもなろうものなら、私たちの社会は早晩機能不全を起こすにちがいありません。

それではあらためて、自分自身は、「この私」は、どの範囲までを自分個人の責任とみなせばよいのでしょう。『科学技術者の倫理』の著者C・E・ハリスらは、技術者の責任観について次のように分類しています。

【最低限実行主義】

技術者は専門職の標準の実施手順を遵守し、雇用条件が定める業務の基本的な義務を果たせばそれで良いと考える。責任に対して消極的で、「それは私の仕事で、彼の仕事ではない」とか、「それは彼の仕事で、私の仕事ではない」というように排他的に責任を定義する傾向がある。また、責任を「個人の過失」と考え、責任を法的な意味で狭く解釈しており、「非難の回避」や「トラブルを避けること」が最大の関心事になる傾向がある。

【適切な配慮】

この責任観は最低限実行主義者が考慮する「トラブルを避ける」という事項を越えるものである。「適切な配慮」をする技術者は、既存の標準や自分の専門部門の業務慣例さえ遵守すればいいというのではない。「適切な配慮」をもって仕事をするということは、要求されるサービスを普通以上に適度にうまく実行すること、自分の技能・能力・判断・センスを合理的に、かつ不注意なく働かせ、応用することを意味する。

【立派な仕事】

この責任概念は「義務の要求以上」という表現がなされる。技術者の倫理規定は主として「それをしないと咎められる」「正式な制裁を受ける」とされる義務に焦点を合わせている。これを基本的義務と呼ぶとすると、倫理的な技術者に望まれているのはこうした基本的義務の要求を越えてその上を行くことである。

（C・E・ハリス他（日本技術士会訳編）『科学技術者の倫理――その考え方と事例』丸善、二〇〇二年、一一五―一二三頁に基づく）。

どのような責任モデルで仕事をするか、その判断は各人に委ねられます。ある人がどのモデルを採用するかについては、彼の所属する集団が、喜んで責任を担いたいと思えるような集団であるかどうかにもよるでしょう。たとえば、責任を引き受ける人が極端に少ない集団において、人々がすすんで責任を引き受ける気になれないのは当然の成り行きです。それでも一つたしかなのは、人々が生きやすい・暮らしやすい社会を「最低限実行主義」によって作ることはできないということです。大切なことなので繰り返しますが、私たちの社会は現に、余計な責任を引き受けてくれているたくさんの人たちによって保たれています。これに対し、人々がこぞって「最低限実行主義」の責任観を採用する集団では、たとえば、先の回転ドアの事故のような事態を防止することができません。この事故の関係者たちは、最低限実行主義の責任概念でもって製品を作り管理したと言えます。彼らが自分に与えられた仕事の範囲を越えて、「製品使用者の安全を確保すること」を自分の責任とみなして行動したならば、幼い男の子が頭を挟まれて死亡することは回避できたはずだからです。事故を未然に防ぐためには、最低限実行主義を超える高い責任観を持って行動する人がどうしても必要なのです。

ただし、『科学技術者の倫理』の著者たちが指摘するように、どのような状況下においてもつねに「立派な仕事」モデルの責任観をもって仕事をするのが良いとはかぎりません。現実には「立派な仕事」の責任観を貫いて仕事をすることができない場合や、「立派な仕事」の追求をむしろ一時的にあきらめたほうがよい場合もあります。私たちは状況にあわせて適切な責任モデルを採用するという観点を持ってよいのです。しかし、だからといって高い責任観を軽んじるわけにはいきません。

「高い責任観」と言うと敷居が高く思えるかもしれませんが、それは「できることなら遠慮したい面倒な荷物」などではありません。人は自分で思う以上に「人の役に立ちたい」「人に喜んでもらいたい」という欲求を持っています。一見、わざと他人を困らせているように見える人でさえ、「人の役に立って喜んでもらいたい」という欲求を果たせないことから問題行動を起こしていたりするのです。一般に人間は「人の役に立ちたい」という感情を内に秘めており、したがって、「適切な配慮」や「立派な仕事」を目指すことは「偽善」や「不自然なこと」ではありません。そのような高い責任観を持つ人は実際に社会に貢献するだけでなく、自分について「いい感じ」を持てるようになります。

しかしながら、そのように責任を果たすことを望んでいる人を別の思考が阻むことがあります。前出のハリスらは、人が責任を果たそうとするときに立ちはだかる障害について次のように述べています。

責任遂行を妨げる障害

【利己主義】

個人的な利益への関心に負けて、他者の利益に反する行動を取ってしまう「利己主義」は、極端な場合、「自分の利益」を「他人の犠牲」において満足させる排他的なものとなる。他人の犠牲において個人的利益を得る機会が生じたとき、その誘惑に乗ってしまうのはエゴイストだけではない。私たちの全てが、ときにその誘惑に乗ってしまうのである。

【恐れ】

私たちは、個人的な利得のために他人を利用しようとする誘惑にかられない場合でも、さまざまな「恐れ」に、責任の遂行を阻害されるかもしれない。なすべきことがわかっていたとしても、「過ちを犯したことを認める恐れ」「仕事を失う恐れ」「処罰への恐れ」「悪い結果への恐れ」などが、正しいことを実行する勇気をくじくかもしれない。

【自己欺瞞】

利己主義の誘惑に抵抗するためにも、私たちは自分が何のために、何をしようとしているのかを認識しなければならないが、その認識の妨げとなるのが「自己欺瞞」である。自己欺瞞は自分がやろうとしている行為の真の動機、倫理的責任に関する自己の認識を偽ることで、自分で自分の自己欺瞞を見つけることは容易ではないが、他者と開放的に意見交換をすることで自己欺瞞を是正できるかもしれない。

【無知】

重大な情報を知らないという「無知」は、責任ある行動を遂行するにあたって大きな障壁となる。たとえば、技術者がある設計に安全問題が生じることを理解していなければ、それについて何の対応もできないことになる。「無知」は、「想像力の欠如」「必要な情報を正しい場所で探さないこと」「執着の欠如」「締め切り期限の圧力」によることが多い。重大な事故が起こったときなどに「私はそれを知らなかった」という弁明がなされることがあるが、以上の例は「無知」が必ずしも正当な言い訳にはならないことを示唆している。

【自己中心の傾向】

人間は非常に限られた見方で状況を解釈する傾向がある。心理学者が「自己中心」と呼ぶこの傾向は特に幼児に広くみられるのだが、私たちもまた「自己中心」から完全に抜け出すことはできない。「自己中心」の考え方は、ときに利己的であるが、つねにそうとはかぎらず、実際には「無知の特殊な形態」と言える。

ある他人に対して善意を抱いていても、その人の見方が自分の見方と重要なところで違っていることに気づかないことがあるように、「人の役に立つ設計をしたい」と望む技術者が、製品の使い方について「自分の理解」と「一般消費者の理解」に大きな隔たりがあることに気がつかないことがある。ここに典型的な消費者と共同して試験使用をすることの意義があるのだが、このように自己中心を離れてより客観的な観点を得るには特別の努力を要する。

【ミクロ的視野】

「ミクロ的視野（顕微鏡的視野）」は正確で詳細に物を見ることができる。ただし、それは顕微鏡が焦点を合わせている狭い解像視野内のことである。問題の一面だけを見て、他の考慮すべき事柄に目を向けないミクロ的視野もまた責任遂行の障害となりえる。技術者は、ときに顕微鏡から目を上げるように、科学・技術の専門から目を上げ、自分の周囲を見回して自分たちがやっていることの意味をもっと広い視野をもって理解する必要がある。

【無批判な権威の受け入れ】

技術業の倫理規定は、技術者が職務を果たす際に、独立の客観的な判断をすることが重要だと強調しているが、同時に、技術者には自分の使用者および依頼人への忠誠の義務があることも強く主張している。実際、多くの技術者は自分自身がボスではなく、所属する組織内の権威に従うよう期待されており、組織内の権威を無批判に受け入れやすい環境にあるといえる。

社会心理学者ミルグラムの研究によって、「無批判に権威に従う傾向のある人」は社会において多数派であることが知られるようになったが、私たちもまた「無批判な権威の受け入れ」によって、自分が果たすべき責任の遂行が妨げられてはいないか、注意深く考える必要がある。

【集団思考】

技術者は、集団で仕事をしたり考えを練ったりすることが多く、一人で意思決定を行うことより、集団の意思決定に参加する場合が多い。集団での意思決定によってより良い決定ができることもあるが（「三人寄れば文殊の知恵」）、「集団思考」と呼ばれる「集団が合意を得るために重要な考えを犠牲にする状況」においては、それがかえってまずい決定を下すことにもなりうる。倫理的に不適切な決定を下してしまう集団思考の例として、たとえば以下のようなものがある。

・外部者を敵とみなして、その考えを仲間で共有する強い『我々感情』を持つ。
・責任を他者に転嫁して自集団を正当化する。
・自集団の倫理観を当然のものと考え、その内容を注意深く検討することを怠る。

・「波風を立てたくない」と考えて自分の意見を述べることを控える。
・集団メンバーの沈黙を同意と解釈する（実際には反対意見を持っている人たちがうまく意見を言えずに黙っているのを、賛成しているものと見なしてしまう）。
・反対意見を持つ人たちに対して圧力をかける。

（C・E・ハリス他（日本技術士会訳編）『科学技術者の倫理——その考え方と事例』丸善、二〇〇二年、一二四—一三〇頁に基づく）。

責任を果たそうと努力する人々の前にも、以上のような責任遂行を妨げるさまざまな障害が立ちはだかります。私たちはこうした障害に対して意識的に注意する必要があります。自分が選択しようとしているその行動案が、自分が取りうる倫理的にもっとも良いものに思われたとしても、もしかするとその行動案はこれらの「責任遂行を妨げる障害」によってゆがめられているかもしれないからです。

このように反省をしだすと行動することが怖くなるかもしれませんが、こうした問題をじっくり見つめることで得られる有益な観点の一つは、「自分や他人に対する寛容」つまり、「みんなおたがいさま」という観点です。自分が一〇〇％正しいとか一〇〇％悪いということが滅多にないように、相手のほうが一〇〇％悪いということは滅多にありません。相手が自分を不当に害しているように思われたとしても、よくよく検証してみると、自分のほうに多くの落度が見つかることも少なくないのです。

人はこうしたことを理解するにつれて、他人に対する考え方・接し方が変わってきます。「おたがいさま」という観点を獲得することで他者に対する言葉のかけかたを工夫するようになるのです。そのように自分の言動を調整していくと、他人と衝突することが減り、他人と協力する機会が増えます。そうなれば自分の責任の範囲を拡げることを受け入れられるようになるでしょう。

みなさんに考えていただきたいのは、社会を持続可能にする倫理です。どのような倫理的傾向のある社会をつくるかについてはみなさんの自由です。「いや、自分たちにそんな自由などない」とすぐに反論したくなるかもしれません。たしかに、私たち一人一人の力は微々たるものです。しかし、社会に何か不具合があるように思われたり、「生きにくい」と感じられたとき、「もしかしたら、その生きにくさの責任の一端は自分にもあるかもしれない」と仮定して行動することで、私たちを取り巻く状況が変わる可能性はあるのです。そして、生きやすい、暮らしやすい社会をつくるために私たちができること、それは少しずつでも自分の責任の範囲を拡げてゆくことなのです。

第3章

信　頼

1——嘘がつけるようになってよかったね

他者と信頼関係を構築するためには、他者に対し誠実にふるまう必要があります。とくに「約束を守る」とか「嘘をつかない」ということは、他者からの信頼を得るために必要な倫理的要素です。「嘘」について思い出すことがあります。以前、ある学生が小論文にこのようなことを書いて寄こしたことがありました。

「大人はみな嘘つきだ」

何かがあったのでしょう。自分の胸に手を当てて考えてみても、その言明が間違っていると反論することはできません。しかしこの人が、もし、「大人はみな嘘をつく（が、子どもは嘘をつかない）」と思っているとしたら、それは端的に間違いです。

幼児がすくすく成長しますと、あるころから（早くて二歳から）嘘をつくようになります。それはこんな調子です。

「わたし、魔法が出る」

この言明はさまざまに活用されます。

「お風呂いやー！　お風呂に入ると、わたし、魔法が出ちゃうよー！　あ゛ーっ！」

そのほか、幼児のはったりは夢いっぱいです。

「わたし、バス、運転できる」

「わたし、飛行機、運転できる」

「わたし、宇宙ロケットに乗ったこと、ある」

こちらが大笑いしながら聞いていると、気を良くした幼児はさらに大きなはったりをきかせます。

「わたし、ビッグバン、見た」

「それはまたすごいね。どんなかんじだったの？」

「しゅるるるるーってなって、本が落ちてきたの」

「となりのお部屋の本棚の本を落としちゃったのかな？」

「うん、しょお」

幼児のこうした嘘については、嘘というより「作話」（事実とは異なることを話すことです）とみなして、大人の嘘と区別すべきでしょう。幼児は自分の作り出したお話の世界につきあってくれる大人が大好きです。そうして幼児は、嘘ならぬ、想像力を駆使したコミュニケーションを楽しむことを通じて自分の言語能力を発達させたり、「他人と協同することは楽しい」という認識を強めたりします。

さて、この幼児がさらに成長しますと、親でも嘘なのか、事実なのか、判別しがたい言動をするようになります。あるとき、四歳になった娘が幼稚園の降園中に、ぽたぽた涙を落としはじめたので、「どうしたの？」と聞いてみると、「カルタがうまくできなかったの」と彼女は言いました。しかし、それにしては様子がおかしいと思い、さらに彼女から言葉を引き出していくうち、クラスの男の子に怒られたことが涙の理由と判明しました。大したことでなくてよかったと思いつつ、「それはびっくりしたねえ、悲しかったねえ」と彼女に同調したうえで、「どうして『カルタができなかった』といったの？」と聞いてみると、彼女はニコニコしながら「わたし、嘘ついちゃった」と言ったのでした。この嘘は彼女の告白なしに見破ることはできなかったでしょう。

幼児特有の嘘は発達に必要なものであり、子どもが嘘をつきはじめても心配はいりません。むしろ「嘘がつけるようになってよかった」と思ってよいのです。その後、子どもがさらに複雑な嘘をつくようになったときも、まずは成長に応じてそうした言語能力が身についたのだと思ってかまいません。しかし、「嘘つき」になってしまっては困りますから、子どもが嘘をついたときにはそれを見過ごさないようにする必要があります。「君が嘘をついていることはばれているよ」ということをそれとなく指摘するのです。また、子どもの失敗をつねに強く叱責してしまうと、子どもはその場を切り抜けるために嘘をつくようになってしまいますから、子どもに嘘をつかせないように配慮してあげるという観点も必要です。

著者はすでに四歳児の嘘を見抜けなくなってきていますが、心理学研究によって、大人は子どもの嘘の多くを見抜けないことが明らかになっています。こうなると人間一般についても、嘘が検知できる器機を使用するというのでもないかぎり、嘘は見抜けないと考えた方がいいでしょう。

「大人はみんな嘘つきだ」と言った先の学生をさらに悲しませそうですが、大人も子どももみんな嘘をつきます。ゾウが鼻の長い動物で、キリンが首の長い動物であるように、人間は「嘘をつく動物」なのです。しかしながら、このことは悲しむべきことなのでしょうか。ためしにこのことを動物図鑑風に書いてみます。

「この動物はどの個体もしばしば嘘をつき、彼らは互いの嘘を見抜けないことが多い。この動物は自分が得をするために嘘をつく一方、仲間たちと協力するためにも嘘をつく。また、この動物の幼体が嘘をつくことは、認知能力の順調な発達の証である」

どうでしょう。嘘は、少なくとも、いくら憎んでも憎み足りない絶対悪、といったようなものではなさそうですよね。「罪のない嘘」という表現がありますが、実際、すべての嘘が非難に値するわけではなく、許容される嘘というものもあります。また自己も他者も共に利することを目的に嘘が用いられることもあります。ほかにも、人は「本当のことを言わない」という仕方で他者との協力関係を維持しようとしたりします（友達の欠点を指摘し続けたら、友達が去ってしまうかもしれないと考えて）。嘘の効用については、みな秘かに認めるところがあるのです。しかし、それでも人間たちは昔から「嘘をついてはいけない」と言い続けてきました。もし、社会のメンバーたちがこぞってあらゆる場面で嘘をつくようになると、ものすごく困るからです。

2 —— 低信頼社会はつらいよ

人々の間で相手を害することを目的とする嘘が飛び交い、約束事がことごとく守られないような集団では何事も効率よく進みません。なぜなら、信頼できない人を相手に活動する場合、何をするにも相手のことを「私を騙してはいないか」「私の持ち物を奪おうとしていないか」「私を殺そうとしていないか」などといちいち疑わねばならず、そうなると自己防衛に注力しなければならなくなるからです。ためしに自己防衛のために常時、神経を研ぎ澄ましている状況を想像してみましょう。

・たびたび強盗に襲撃されているため、つねに強盗に襲われるかもしれない、という考えで頭がいっぱいの状況
・たびたび空から爆弾が落ちてくるため、つねに空から爆弾が落ちてくるかもしれない、という考えで頭がいっぱいの状況

こうなるともう自己防衛以外には何もできそうにありませんよね。強盗や爆弾とまでいかなくとも、少なからぬ人が常時悪意をもって他人を欺こうする社会、それゆえに、他者との協力関係を取り結ぶことが困難になっている低信頼社会では、自分が所有する資源（お金や時間や体力）の多くを自己防衛に投じざるをえません。

低信頼社会における効率の悪さというのは、「どの道も通行止めや長蛇の列になっていて、行きたいところに行けない」ようなものです。低信頼社会では何をするにも余計なコストがかかり、「やれ根回しだ、やれ賄賂だ」という事態になります。そのような苦労をすれば、いくらか利口になり、口も達者になるでしょう。とはいえ、この余計な苦労に自分の体力・時間・お金の多くを奪われることになりますから、やはり自分のやりたいことはやりにくくなり、状況によっては生存に必要な最低限のことしかできなくなります。

自己防衛に専念せざるをえない状況が長期化すると、その社会の文化は衰退します。たとえば、戦

争は識字率の低下を引き起こします。「識字」というのは「文字の読み書きができること」です。戦争が起こると、子どもたちを継続的に教育することが困難になり、とくに戦争が長期化すると、文字の読み書きができない子どもたちが現れるようになります。しばしばその例にあげられるのが紛争など混乱の続くアフガニスタンで、かの国の識字率（二〇一五年）は国民全体で三八％、女性にかぎると二四％です。さらに「農村地域の女性」に限定するなら、その識字率は五％未満とも言われます。「文字が読める女性は二〇人中一人以下」という地域に所在する「文字が読める女の人」というのはおそらく、みなさんのようには文字を読めないのではないでしょうか。このような社会状況において、「周りの女の人たちはみんな文字が読めないけれど、私は新聞もマンガもすらすら楽しく読めます」ということはあまり起こらないように思われます。

さて今度は反対の状況に目を転じます。人々がルールや約束を守り、他者に損害を与える嘘を許さない社会、他人を信頼できる仲間とみなす人が多く、実際、他人を信頼することによって不利益を被るようなことは滅多にない、安全・安心の社会です。

この社会では、質の良い商品が適正な価格で販売され、忘れ物をしても誰かがしかるべきところに届けてくれ、道で強盗に遭うことはなく、困窮したときには誰かが手を差し伸べてくれます。このような社会では自己防衛コストがさしてかかりませんから、自分のもてる資源の多くを自分のやりたいことに投じることが可能です。また、このような社会では他者からの協力を得やすくなるので、一人ではできないことでも、他者の協力によって実現できるようになります。多くの人間が互いに協力し合うことで、より大きく、より複雑な、より緻密な、より創造的な、より愉快な何かが実現できるかもしれません。不信がさらなる不信を呼ぶ、不信の連鎖のなかに留め置かれた人々の集団が生産性を低下させるのとは対照的に、信頼はさらなる信頼を呼び、そうして拡大して行く信頼関係の圏内において人々の生産性は向上するのです。

3　黄金律

集団のメンバーが嘘つきだらけになると、協力関係が結べず、社会は停滞し、社会を維持することができなくなってしまう、そのように考えるなら、嘘の一般的な禁止については納得がいきます。実際、嘘は昔から悪いものとされてきましたし、嘘をつくことは「黄金律」にも抵触します。

黄金律というのは「自分が人からしてもらいたいと思うことを人にしなさい」とか「自分が人からされたくないと思うことを人にしてはいけない」という形で定式化される人間社会における基本的なルールのことです。遠い昔の賢者たちの言葉が今も残されています。

タレス（紀元前六二四頃〜前五四八／前五四五：ギリシアの哲学者、西洋哲学の祖）

「他人がしていたらとがめるような行為を自分がすることは避けよ」

孔子（紀元前五五一〜前四七九：中国、春秋時代の学者、儒教の祖）

「己の欲せざる所は人に施す勿れ」

ヒレル（紀元前七〇頃〜後一〇頃：ユダヤ教のラビ）

「自分の欲しないことを他人にしてはならない」

イエス・キリスト（紀元前六〜前四頃〜後三〇頃：キリスト教の創始者）

「人からして欲しいと思うことのすべてを人々にせよ」

ムハンマド（五七〇頃〜六三二：イスラム教の創始者）

「自分が人から危害を受けたくなければ、誰にも危害を加えないことである」

昔からあらゆる社会で基本的な倫理として採用されてきた、この黄金律の考え方を用いた「黄金律テスト」という倫理的意思決定の方法があります。このテストは、「これから自分がやろうとしていること」を、「自分がされたら嫌なことを他人にしてはいけない」の黄金律にあてはめてみよう、というものです。「自分のルール」が「みんなのルール」となったとき何が起こるかを推測し、もしそれが自分の望まないことであるならば、その倫理的意思決定は間違っていると判断するのです。それでは、ためしに「嘘をつくこと」を黄金律テストにかけてみましょう。

「私は嘘をついてよい」→「みんなも嘘をついてかまわない」
「私は研究データを改ざんしてよい」→「みんなも研究データを改ざんしてかまわない」
「私は経歴を詐称してよい」→「みんなも経歴を詐称してかまわない」
「私は原材料名を騙ってよい」→「みんなも原材料名を騙ってかまわない」

こうして自分に許したルール「私は嘘をついてもよい」が、万人のルールとなったとき、何が起こるか想像することはさほど難しいことではありません。

研究データの改ざんが横行すれば科学は成立しなくなりますし、医学を学んでいない人が医者を詐称して手術でもしようものなら患者は死んでしまうかもしれませんし、乳製品が使用されているのに「乳製品を使用していません」と騙られたケーキを食べてしまった小麦アレルギーの小学生はアナフィラキシーショックを起こして死んでしまうかもしれません。人間は嘘をつく生き物であるとはいえ、医業や技術業や商業などの社会活動において嘘を許容することは致命的な事故につながります。以上のことからわかりますように、嘘のフリーパス状態は確実に人間社会を損ないますから、論理的な帰結として嘘は間違いであると言えるのです。

4 ―― 嘘をつかせた？

嘘は人の心を傷つけもします。ある学生が打ち明けた話を忘れられません。

「母がたびたび嘘をつく。母に対する軽蔑の感情を抑えられない」

こうした話を聞きますと、やはり嘘をつくことには注意しないといけないと思わされます。しかし、同時に別の可能性についても思いを巡らせます。たとえば、「最近、親がよく嘘をつくようになった」と思ったとき、それは認知症のせいかもしれません。

認知症というと高齢者の病気であると思いがちですが、四〇歳代後半で発症する人もいます。この認知症の典型的な症状の一つが「作話」で、認知症を発症した人は事実とは異なる事を話すようになります（高齢の認知症患者の場合、自分の孫を指して「この人は私の娘」と言ったりします）。

症状が進むとこの作話はさらにひどくなります（自分の娘を指して「この人は私の祖母」と言ったりします）。事情を知らないと、作話をする認知症の人は嘘をついているように見えたりもしますが、こうした作話は、認知症の人が記憶障害によって忘れてしまった記憶の空白に覚えている記憶をつなげたりすることで、自分なりに話の辻褄を合わせて自分を納得させようとしてなされるのだそうです。したがって、本人は嘘をついているつもりがないのです。そのため、介護者には、認知症の人の話すことを否定したり、怒りをぶつけたり、無視したりすることは避けるよう助言されます。それは、認知症の人に否定的な態度で接することが、認知症の症状をさらに悪化させることにつながるからでもあります。

ある人が頻繁に嘘をつく理由については、アルツハイマー型認知症やアルコール性認知症などの病気の可能性、もともと嘘をつくことに抵抗がない反社会性人格障害の可能性を考えるなど、いろいろな見方があると思うのですが、あるいはこのような観点が問題を改善するための鍵となるかもしれません。

「母が嘘をつくのは、もしかしたら、私がそうさせているのではないか?」

彼に嘘をつかせたのは私だったのではないか?　そのような反省の仕方もあります。先の学生とそのお母さんの関係について詳細は聞いていませんが、病的な嘘とは別に、周囲の環境や人が、人に嘘をつかせる場合もあります。精神的に追い詰められた人が自己防衛のために嘘をつくというケースです。たとえば、会社の上司が部下に対して遂行不可能な仕事を命じて、もしできないようなら制裁を加えると脅したところ、精神的に追い詰められた部下が窮余の嘘をつき、その嘘によって何かしらの損害がもたらされた場合を考えてみましょう。

あるいは、この部下は「その仕事はできません」と率直に上司に伝えるとか、その仕事に見切りをつけて転職するなりすればよかったのであって、それをしないで嘘をついたあげく損害を出したのであればその責任はすべてこの部下にある、という考え方もあろうかと思います。もちろん、この部下には何の責任もない、と言うことはできないのですが、他方、「仲間について考え、仲間を育てる」の倫理の観点からすると、この上司も倫理的なふるまいをしていないと言えます。

実際、次に紹介する大事故の事例について、世間の人たちは事故の張本人を、事故の第一の責任者とは見なしませんでした。

5 ―― 福知山線脱線事故

二〇〇五年、ＪＲ西日本福知山線の塚口駅―尼崎駅間のカーブで、七両編成の快速電車が脱線し、近くのマンションに激突するという事故が起こりました。

この大事故を起こしてしまった二三歳の運転士は、事故の直前にも運転ミスをしていました。その内容は七二メートルのオーバーランで、駅で停まるべき乗車位置よりも七二メートル先で電車を止めるという運転ミスを犯してしまっていました。そのような異常事態についてはすぐさま輸送指令に通知しなければならず、その通知は車掌の役目でした。

運転士は車掌に対し、この運転ミスの距離を過少報告するよう依頼したそうです（車掌は、運転士から「まけてくれへんか」というような言葉を聞いて、そのような意味だと受け取りました）。この運転士は事故当日、このオーバーランのミスの前にも二度の運転ミスをしていました。ミスをした運転士には減給などの処分がなされますが、ミスが重なればそれだけ運転士の社内での立場が悪くなります。

運転士はおそらくは自分の運転ミスを気にかけつつ、オーバーランなどによる時間の遅れを取り戻すため、制限速度を超えるスピードを出して電車を運転しました。そして電車が直線区間からカーブ区間へと進入する際、カーブ区間における制限速度を大幅に超える速度でカーブに入ったがゆえに電車は脱線し、横転したままマンションの一階に激突しました。電車は大破し、二三歳の運転士を含む一〇七名が命を失い、五六二人が重軽傷を負う大事故となりました。

【出典】国土交通省・運輸安全委員会「福知山線脱線事故・事故調査報告書」『西日本旅客鉄道株式会社／福知山線塚口駅～尼崎駅間列車脱線事故』（http://www.mlit.go.jp/jtsb/railway/fukuchiyama/RA07-3-1-1.pdf　二〇一七年三月三〇日入手）。

この事例については、若い人ほど運転士を責める傾向があるようです。自分の失敗をごまかすために嘘をつこうとしたり、失敗の痕跡を消そうとして速度超過の規則違反をした上、多くの人の命を奪ったこの運転士に情状酌量の余地はない、という意見を多くの学生が述べました。たしかに、この運転士がとった行動から推測すると、「乗客の命」と「組織内における自分の立場」を天秤にかけて後者を選択したように見えます。乗客の命と安全を最優先すべき運転士が、自己保身のために制限速度を大きく超えるスピードを出して電車を脱線させたのだとすれば、それは当然非難に値します。実際、電車脱線の直接の原因は運転士が故意に行った速度超過です。この運転士が倫理的にふるまっていれば（嘘をつかず、ルールを守り、失敗の責任を正面から引き受けようとしたならば）、一〇六人の乗客は死なずにすんだのですから、この運転士が一番悪い、という意見はもっともなように思われます。しかし、世間の人たちはむしろ組織のほうに批判の目を向けました。そして、事故発生には次のようなことが関係していると指摘されています。

【運行ダイヤに問題があった】

運行スケジュールに余裕がなく、電車がわずかに遅れただけでもその回復が困難な状況にあった。そのため、乗り換え線が複数ある尼崎駅にほんの少しでも遅れて着くなら、そこで乗客が乗り換えるはずの電車が先に出てしまう可能性が高かった。しかも事故の前、乗客の利便性を考慮して、快速電車の停車駅を一つ増やしていた。これによって、各駅での停車時間、運転時間の短縮が必要になっていた。

【カーブ区間にも問題があった】

事故のあったカーブは、以前はもっと緩かったカーブ（曲率半径六〇〇メートル）を尼崎駅の改造に伴ってより急なカーブ（曲率半径三〇四メートル）に変更されていた。

【運転安全装置をつけるべきだった】

安全装置を設置していれば事故を未然に防ぐことができたかもしれない。事故地点に速度検知装置を取り付ける予定があったにもかかわらず、その設置計画は遅れていた。

事故後、事故地点に安全装置ＡＴＳ‐Ｐ（速度検知によって速度超過を警報で知らせ、また自動的に電車の速度を制限する装置）が設置された。

【社員の失敗に対する応じ方に問題があった】

運転士が運転ミスをしたとき、減給されることのほかに、日勤教育が課されることになっていた。その内容は社訓の書写や草むしりなどの懲罰的なものあり、事故を起こした運転士にとってこの教育は精神的な負担になっていたと考えられる。事故後、日勤教育は本人の運転技術を向上させるような内容にすべきと批判された。

【熟練運転士不足の事態に若手運転士を当てて乗り切ろうとしたことにも問題があった】
事故のあったカーブ区間の運転には熟練を要することを社内の人々は認識していた。熟練運転士の不足という社内事情があったにせよ、朝のラッシュ時という、遅れの許せない、運転がより困難な時間帯に未熟練運転士をあてることは間違った判断といえる。

【出典】電気学会倫理委員会編『技術者倫理事例集』オーム社、二〇一〇年、二六―二七頁。

事故を取り巻くさまざまな事情を知ると、単純に運転士だけの問題とは言えないことがわかってきます。また、事故後、乗客たちが電車の時間の遅れに対して厳しい目を向けがちだったことも指摘されました。やはり、運転士を取り巻く環境が、運転士を精神的に追い詰め、彼が適切な行動をとることを妨げたという観点を無視するわけにはいきません。運転士に倫理的なふるまいをさせる余裕を与えなかった周囲の関係者たちにも落ち度があったと考えるべきでしょう。
この事故によって一〇六人の乗客の命が失われただけでなく、ほかにも多くの人たちが大きな怪我をしたり、後遺症に悩んだりしました。

たとえば、ある女性は、事故後の一〇年間に足と顔の手術を合わせて二〇回重ねたそうです。彼女は事故前に就いていた仕事への復職を目指してリハビリに励んだものの、ついに復職は叶いませんでした。さらに事故の九年後、彼女は歩けないほどの痛みに襲われ、再び足の手術をしたところ、足の中からたくさんの鉄粉が出てきたそうです。手術後、ようやく一日一万歩まで歩けるほどに回復したとき、事故から一〇年の月日が流れていました。

【出典】『尼崎ＪＲ脱線事故「元通りの顔に」治療求め10年諦めず　伊丹の女性』（石川翠）『神戸新聞ＮＥＸＴ』（二〇一五年四月二四日）。

また、事故で首を捻挫する怪我をしたある大学生は、事故の二ヶ月後に悲惨な事故の様子を思い出すフラッシュバックに襲われたそうです。それは心的外傷後ストレス障害の症状でした。彼はその後も苦しみながら生活を送りましたが、事故から三年半の後、自宅で自らの命を絶ってしまいました。

【出典】「脱線事故で負傷、自死した息子　母『せめて桜を』」（篠原拓真）『神戸新聞ＮＥＸＴ』（二〇一七年四月二三日）。

この二人の物語に加えて、死亡した乗客一〇六人の物語、重軽傷を負った五六〇人の物語があるのです。もし、事故に関係した人たちが、スピード超過によってこのような事態が起こり得るということを具体的に想像できたなら、彼らはもっと慎重な行動を選択したかもしれません。また、彼らが「公衆の安全」の確保を最優先するという倫理的行動原則を自らに定着させていたならば、この事故は未然に防ぐことができたと考えられます。

他方、事故の発生には信頼構築の失敗という側面もあると思います。もし、運転士が会社を信頼して、「会社は自分を腕のいい運転士にするために自分をじっくり育てようとしてくれている」と思えたならば、これほどの危険を冒してまで、自己保身のために嘘をついたり、失敗を取り繕おうとしないですんだのではないでしょうか。また、会社も運転士との信頼関係を重視したなら、運転士がミスをするのは業務内容などにも問題があるとして、運転士がミスをしないですむ環境を整えることを検討したのではないでしょうか。さらに、会社は乗客を信頼して、必要があって電車を遅らせることについては躊躇せず、また、乗客も会社を信頼して、電車に遅れが発生したのは安全に配慮してのことと考えて許し、安全のためなら電車の運行数を減らして利便性を低下させることにも同意する、そのような信頼関係を構築できたなら、関係者全員にとって利益となる、安心・安全・快適の環境が実現していたことでしょう。

このように言ってすぐに前言を否定するようですが、人間に嘘をつかせず、ルールを守らせるためには、社会的な制裁も必要です。嘘をついてしまう動物である人間たちが、安全・安心の社会をつくるためには、嘘をついたりルールを破ったりすると仲間たちから痛い目にあわされますよ、という脅しもセットで社会を設計せねばなりません。「どのような間違いも笑顔で許す」では不正と怠惰が横行してしまいますから、行為の内容によっては厳しく処罰するという姿勢を社会は明示する必要があります。

しかしそうは言っても、制裁を受けた側が、相手に対する信頼を失うような制裁はやはり「間違った制裁」と言えます。親や、近所の大人や、学校の教員や、会社の上司などから叱られると、子どもでなくとも嫌な気持ちになるものですが、そのように叱られても信頼関係が壊れず、かえって相手に対する信頼が増すことがあります。それは叱られたときに、「相手は自分のことを育てようとしてくれている」と感じたり、「相手は公平にものを考えようとしている」と思えたり、「なるほどわかった！　だからこれをやってはいけないのか」という気づきを得て知的興奮を覚えたときなどに起こります。その反対に、叱られた人が、「相手は自分を損なおうとしている」、「相手は不公平だ」、「相手は自分の利益のことだけ考えて怒っているのだ」「なぜこれをやってはいけないのか理解できない」と思ってしまう叱責は、信頼関係を壊すことにつながります。「間違った制裁」とか「信頼構築の失敗」などと言うのなら「適切な制裁の仕方」や「適切な信頼の構築方法」を具体的に示せとなると、とたんに答えに窮してしまうのですが、かわりに自分が経験した小さな信頼構築の話をしたいと思います。

6 ―― 信頼構築小話

著者の娘が二歳のとき、彼女に納豆ブームが到来しました。とにかく納豆が大好きで、自分で納豆パックの蓋を開け、自分で納豆に醤油をかけ、自分で納豆を混ぜ、自分で納豆を食べるという一連の行動のすべてを愛していました。そして、この一連の動作をどこかでさまたげると、彼女の癇癪玉が大爆発するのでした。

そうした事情を承知していたにもかかわらず、あるとき母親がうっかり「納豆パックの蓋」を開けてしまったばかりに大惨事となりました。

「ぎゃあああーーーっ！　わたしがあけりゅのーーー！　わたしがああーーーー！」

「そうだったね、ごめんごめん」

「（冷蔵庫を指さして）納豆ーー！　納豆ーー！」

「もう蓋を開けちゃったから、これを食べてね」

「納豆、ないの？」

「まだ冷蔵庫にあるけど、もう開けちゃったから、こっちを食べてね」

「ぎゃあああ――――っ！　いやだー、納豆――！　わたしがあけりゅの――！」

別に冷蔵庫から新しいパック入り納豆を出して与えてもよかったのです。しかし、このとき著者は、蓋を開けてしまったことを謝罪しつつ、幼児の要求は断わり、また、別の納豆パックの存在も否定せず、すでにパックの蓋をあけてしまった納豆を食べることをお願いし続けたのでした。そして三〇分後。

「納豆、わたしがあけりゅの」

「うん、わかったよ。お母さん、納豆のふた、もう開けないからね」

幼児は「こくり」とうなずき、落ち着きました。

幼児とのこの手の揉め事はたびたび起こったのですが、この幼児との間で、あるお菓子や果物が冷蔵庫にあるかどうかが問題となったときに、母親はつねに事実を伝え、幼児の要求する物をあげたり（「お夕飯をちゃんと食べたから一つ食べてもいいよ」）、理由を述べつつあげなかったり（「もう歯を磨いたから、また明日食べましょうね」）しました。「あげない」となると幼児は地団駄を踏んで猛烈に怒るのですが、「あげない」と宣言したときにはその宣言どおりに「あげない」を守り通すことに徹し、彼女にあげない理由を述べつつ、怒りの嵐の過ぎ去るのをひたすら待ち続けました。

そうしたことを繰り返す日々が続いたある日、あることに気がつきました。母親が「〇〇はある」、「〇〇はない」と言うことについて、いつの間にか、この幼児はその事実については少しも疑わずに母の言明をそのまま受け入れるようになっていたのです。


「バナナちょうだい」

「バナナはないよ」

「しょお」


そうして幼児はそれ以上の要求をしません。「あれ？　いつの間にか聞き分けがよくなっている！」

先のことは明日のことさえわからないのでこの時点についてのみ言えることですが、この幼児に本当のことを言い続け、幼児の要求を可能なかぎり受け入れ、また要求を受け入れられないときにはきっぱり断ってその理由をこんこんと説明する、ということを続けるうちに、幼児はこちらの話を信じてくれるようになり、それによって揉めることが少なくなり、話し合いがスムーズに進むようになりました。相手が幼児であっても、人から信じてもらえることはやはりうれしいものです。

それでは最後に、多くの人々から高く信頼された実在の人物、倫理的にも技術的にも優れた技術者の話をしてこの章を終えたいと思います。

7 ―― シティコープ・タワー

一九七七年、アメリカのニューヨーク市にシティコープという会社のビル「シティコープ・タワー」が建てられました。ウィリアム・ルメジャーという建築家によって設計されたこのビルは、とても変わった構造の建物でした。

この風変りな構造のビルが建てられることになったのは、その建設予定地に特別な制約があったためでした。建設予定地の一部をある教会が所有しており、シティコープ・タワーは、古い教会を取り払い、ビルから独立した建築物としてまったく同じ場所に教会を新しく建て替えることを条件に、この区画の空中権を獲得して建設されることになったのでした。

ビルの下に教会を建てるスペースを確保するため、シティコープ・タワーは九階の高さの脚柱の上に建てられることになったのですが、教会が建設予定地の隅にあったことから脚柱をビルの各壁面の中央に据える必要がありました。これはかなりの難題でしたが、ルメジャーは独創的なアイデアによってこの問題を解決しました。そうして完成した地上九階分が吹き抜けで、ビルの柱を四隅ではなく四辺の中央に置いた世にも珍しい構造のシティコープ・タワーは世間の注目を浴び、ルメジャーの設計の独創性が高く評価されました。

しかしその後、ルメジャーは、このビルの致命的な欠陥に気がつくことになります。あるときルメジャーは、ある学生からシティコープ・タワーの支柱に関する質問の電話を受けました。彼は学生にシティコープ・タワーの特徴を説明し、自分のユニークな設計によって、ビルは「斜め方向からの風」に対して特に丈夫にできていると伝えました。

当時のニューヨークの建築条例では垂直方向からの風の影響を考慮することまでしか規制が及んでいなかったため、ルメジャーはそれまで斜め方向からの風の影響を計算したことがなかったのですが、学生の質問に触発された彼は、風がビルに与える影響についてあらためて計算をしてみることにしました。すると、シティコープ・タワーにある強さの風が斜め方向から吹いたとき、何本かの主要構造部材のうちの半数にかかる応力が四〇％増加し、そうなるとビルの接合部にかかる応力が一六〇％増加するという計算結果が出ました。しかも、シティコープ・タワーの筋交い部分の接合は、ルメジャーの知らないところで、強度はきわめて高いが施工に時間もコストもかかる「溶接接合」から、強度に劣る「ボルト接合」へと変更されていました。さらに調べてみると、請負業者が実際に使ったボルトの数はかなり少ないこともわかりました。

ルメジャーは重大な危険を確信し、さらなる検討をした結果、現状のボルト接合のままではニューヨークを襲う「一六年に一度のハリケーン」の風力によってシティコープ・タワー全体が倒壊してしまう可能性のあることが判明しました。

ルメジャーはビル倒壊の危機が明らかになるとすぐさま次の行動に移りました。彼は構造エンジニアとしてのキャリアと名声を失い、莫大な経済的損失を被ることを覚悟の上で、シティコープ・タワーの脆さを公表し、自分のしたことの責任をとらなければならないと考え、自分の設計したビルを安全な建物にするために奔走したのです。まず、ルメジャーは、自分の会社やシティコープ社や保険会社の弁護士に、ビルが倒壊する可能性を告げ、自分の設計ミスと構造上の欠陥を説明し、関係者からの支援をとりつけ、補強工事を行うことを了承してもらいました。

次いでルメジャーは危機対策を行いました。タワーの振動を抑える役割をする装置を製作した会社に連絡をとって、装置が確実に作動しつづけるようにするための援助を求めたり、ハリケーンのために停電が起こった場合を想定して、その装置に電気を供給する予備電源として緊急用発電機を設置しました。また、気象学の専門家を雇って、ビルを倒壊させかねない暴風が来るときには警告してもらえるようにしました。さらに、ビル周辺の半径一〇ブロック圏内の住民の緊急避難計画を作成し、避難計画への協力を仰ぐためにニューヨーク市当局に状況を説明し、さらに工事の内容を報道機関にも知らせました。

ルメジャーはビルの修理中にも修理工程の計算を続け、建物には他にも脆弱な部分はないか、床や柱や筋交いに強度不足はないか、仲間に調べてもらったりもしました。こうしてビルの補強工事は無事に終わり、シティコープ・タワーは、七〇〇年に一度の超大型ハリケーンの暴風によっても倒壊しないビルに生まれ変わることができました。

ルメジャーは、自分が設計した建築物の欠陥に気づくやいなや、嘘をつくことなく直ちに自分の過ちを認め、人々の安全を守るべく迅速に行動し、周囲の援助を取り付けて改修にとりかかり、結果、見事に仕事をやり遂げました。人々はそんなルメジャーの行動を高く評価し、彼の立派な仕事を褒めたたえたのでした。

【出典】C・ウィットベック（札野順、飯野弘之訳）『技術倫理1』みすず書房、二〇〇〇年、一八三―一九二頁。

この物語のなかでもう一つ注目に値するのは、彼の改修プロジェクトを支えた周囲の人たちの存在です。ルメジャーの成功は、彼自身の並はずれた手腕もさることながら、彼を中心に周囲の人々が迅速に信頼関係を構築して協力しあったことも大きく関わっています。わたしたちはこの話を「信頼関係の構築に成功した事例」として参照することができます。この物語よりスケールは小さくても、倫理的に行動する人々が信頼関係を築き、みんなで協力して善いことを成し遂げる事例はそれほど珍しいものではないからです。みんながみんな自分の利益のことだけを考えて、他人の安全や幸福をおろそかにしようと思っているわけではありません。ニュースにはならなくても、信頼関係を築いて互いに配慮しながら機嫌よく暮らしている人たちはわたしたちの周りにもちゃんといるのです。ですから、

「自分もルメジャーのように周囲の人たちと信頼関係を築いていい仕事をしたい」と願うこと自体は決して高望みではありません。信頼関係を築くことは多分に技術的な事柄ですから、人と信頼をやりとりする練習を重ねることで、他人と信頼関係を結ぶことに成功する確率は確実に上がっていきます。そうして信頼で結ばれた仲間たちと共に「いい仕事」を追求することは、社会にとって価値があるだけでなく、自分自身にとっても楽しいことです。

第4章
倫理的意志決定

1——答えは一つとはかぎらない

私たちはさまざまな場面で倫理的意志決定を迫られます。倫理問題についてどのような意志決定をするのか、それを決めるのは私たち自身です。そして、その決定にもとづいて自分が行った行為の責任を負うのもまた私たち自身です。そのため、私たちは注意深く「仲間たちについて考える」をしながら、どのような行動を選択するか思案することになります。この倫理的意志決定をするための思考をはじめるにあたり、私たちが肝に銘じておくべきことがあります。それは、

「倫理問題の答えは複数ありうる」

ということです。

このことを考える上で引き合いに出されるのが、「ハインツのジレンマ」と呼ばれる話です（ジレンマというのは、ある二つの事の間で板ばさみになって、どちらとも決めかねる状態に陥ることを指します）。

【ハインツのジレンマ】

がんで一人の女性が死にかけているが、ある薬によって助かるかもしれない。それは一種のラジウムで、同じ町に住む薬剤師が開発したものだ。薬剤師は、その薬を作るのにかかった費用の一〇倍、二〇〇〇ドルの値段をつけた。女性の夫、ハインツは知り合い全員に当たって金を借りたが、費用の半分しか集められない。ハインツは自分の妻が死にかけていることを話し、安く売ってくれるように、さもなければ残りを後で払えないかと薬剤師に頼んでみた。しかし薬剤師の返事は「だめだ」。ハインツはやけを起こして薬局に押し入り、妻のために薬を盗み出した。ハインツはそうするべきだったのだろうか。そしてその理由は?

（アンソニー・ウエストン（野矢茂樹他訳）『ここからはじまる倫理』春秋社、二〇一一年、五一頁）。

ハインツは薬を盗み出すべきだったのでしょうか？　それとも妻が死にゆくのをただ見ているしかなかったのでしょうか？

アメリカの哲学教授アンソニー・ウエストンが「ハインツのジレンマ」について彼の学生たちに話したところ、学生たちは次のような別案を提示したそうです。

・薬剤師に金以外のものを提供する。

（薬剤師が利用できる技術をハインツがもっていたとしたら、彼の技術を薬と引き換えにできた可能性がある）。

・公的な援助や慈善団体に頼る。
（現代的な医療機関を備えたほとんどの社会では、自分で費用を負担できない人にも治療を提供する方法が発達している。ハインツは少なくとも調べてみるべきだった）。
・新聞に事情を話す。
（薬剤師も悪いイメージが広まることは望まないだろうから考えを変えるかもしれない。また、新聞に載せてもらうことで寄付を集めることができるかもしれない）。
・あつめた金で半分だけ薬を買い、効果があれば、残りは宣伝することでまかなえるよう頼む。

ウエストンは、学生たちがさまざまな選択肢をつぎつぎ提案するのを喜びつつ、「ハインツには別の選択肢がある」として、ハインツのジレンマは「にせのジレンマ」であると指摘します。

【出典】アンソニー・ウエストン（野矢茂樹他訳）『ここからはじまる倫理』春秋社、二〇一一年、五一―五二頁。

この問いでは、「盗むべきだったのかどうか？」を問うているのですから、出題者の意向に従わずにそんな答えを提示するのはいかがなものか、という考えもあるでしょう。たしかに、たとえば学校のテストなどで「答えはAかBか？　どちらか選びなさい」と指示のある問題において、出題者の指示に従わないで第三の解答を書いた場合、問答無用で不正解とされることを覚悟しないといけません。

しかし、現実の倫理問題について、「正解はAかBか？　さあ選びましょう！」と二者択一を迫られたときには、立ち止まって考えてみる必要があります。他にも選択肢のある可能性が十分にあるからです。

私たちはよく考えることをしないで、たまたま思いついた一つの行動案をもとに、それを「やるか、やらないか」の二者択一の問題にしてしまうことがあります。ハインツが「薬を盗む」ということを思いついたあと、ほかの選択肢を検討することなく盗みを実行してしまったように、私たちもまた、まずいアイデアであってもそれを思いついてしまったあとに、他の選択肢をろくに検討しないで、そのまずい行動案を実行に移して自分で自分を窮屈な状況へ追い込んでしまうことがあります。しかし、別の選択肢をとったなら、あるいは問題をすっかり解消することだってできたかもしれないのです。

ですからみなさんも問題に直面したとき、倫理的に不適切と思われる選択肢を選ぶより他に道がないように思えるときでも、他に選択可能な道はないか考えてみてください。自分では他の選択肢を思いつけないけれど、自分が思いついたその行動案を実行しても、自分は引き続き困難な状況に留め置かれそうだと推測したなら、早急に、周りの人たちに相談したり、同様の問題で困っている人を助けるために設けられている相談窓口に連絡して相談することなどを検討しましょう。そうやって自分の取り得る選択肢を増やすことで、絶望的な状況を回避できるかもしれません。

倫理問題については「唯一絶対の正しい答え」があることはまれで、たいていは選択肢が複数ありえます。そして、より多くの選択肢を手にしたなら、その分、倫理的によりよい選択をすることができるようになります。ハインツは「犯罪を犯すか、妻を見殺しにするか」という暗い二者択一を自分に迫りましたが、彼は選択肢を増やすことで、たとえば、「公的な援助に頼る」とか「治験に参加する」などの選択肢も視野に入れることができるようになるのです。

2 —— 金槌しか持っていないと

私たちは、倫理問題における選択肢を意識的に広げようとすることを普段あまりしません。また、私たちは倫理問題に対処する際、過去にうまくいったやり方や、自分の得意な方法を繰り返しがちです。もちろん、人が得意技を持つことはよいことです。しかし、「私はどんな機械の故障も金槌一本で直せます」というわけにはいかないように、倫理問題もつねに同じ方法で解決することはできません。そこで、私たちは自分の考え方の傾向を自覚しつつ、問題ごとに、その問題に適した方法で対処することに努めなくてはなりません。そして、それを可能にするためにできるだけ多くの思考の道具を用意しておく必要があります。

以前、電車のなかで整備士らしき人と乗り合わせたことがあります。こちらに背を向け、つり革をもってきりりと立つ彼の姿はとても頼もしく思えたのですが、著者が「かっこいいなあ」と感じた大きな理由はおそらく、彼が身に着けていた「工具ベルト」にあったと思います。その工具ベルトには彼の仕事道具がずらりと差してあり、こちらから見えるだけで一〇ほどの工具がありました。工具ベルトをつけた男性に対し、こちらは勝手に尊敬の念をもったのですが、仮にこの人が金槌一本だけをベルトに差していたとしたら、そこまで感嘆の念をもたなかったかもしれません。

技術者が携帯する特殊な工具こそ持っていなくても、私たちもまた、ふだんの生活でさまざまな道具を使用しています。たとえば著者はハサミだけで九種類以上は持っています。幼児用の爪切り鋏に紙切鋏、大人用の爪切り鋏に紙切鋏、料理用の鋏、裁縫用の糸切り鋏に布切り鋏、などなど。このように私たちは用途ごとにそれぞれ異なる道具を使っています。それにもかかわらず、私たちは倫理問題に対しては、多くの場合、用途に合わせて複数の道具を使いわけるようにして問題に対処しようとはしません。

加えて、私たちはよくよく注意しないと、自分の心にしっくりくる特定の倫理観を、あらゆる問題に適用しようとしてしまいます。しかし、特定の倫理観に固執することもまた、「私はどの機械トラブルも金槌で対処します」に似た危うさがあります。融通がきかない頑固な人のことを「金槌頭」と言ったり、議論をするにあたって一つのことを繰り返して押し通そうとする論を「金槌論」と言ったりしますが、そう言って他人を非難する人であっても、こと倫理の問題となると、金槌だけで機械を修理しようとするかのふるまいに及ぶことがあります。「金槌しか持っていないと問題がすべて釘に見えてしまう」という箴言が注意を促すように、私たちは、目の前にある倫理問題を「自分特有の倫理観」という眼鏡を通して見ることによって、問題を事実と離れた形で把握してしまうことがあるのです。

私たちが「自分特有の倫理観」に固執してしまう理由については脳科学の知見が参考になります。近年の脳科学研究によって、人の倫理的な善悪の判断には「感情」が大きく関わっていることがわかってきました。このことは人の倫理観というものが少なからず「主観的なもの」であることを意味します。ある倫理問題を考察する際、自分では客観的に考えているつもりでも、その考えは実際のところ、自分の意識から離れた、自分の感情的な無意識の部分に強く影響を受けているというのです。このような生物学的アプローチによる倫理研究について金井良太著『脳に刻まれたモラルの起源――人はなぜ善を求めるのか――』を参考に紹介します。

まず、社会心理学では倫理観を記述する概念として次の五つの道徳感情をあげています。

①傷つけないこと
②公平性
③内集団への忠誠
④権威への敬意

⑤神聖さ・純粋さ

これらを「根源的な倫理観の要素」（モラルファンデーション）と呼び、私たちの倫理的規範はこの五つの倫理基盤に帰属しているとするのが、社会心理学者たちの提唱する「モラルファンデーション理論」です。

①の「傷つけないこと」というのは、「他人に苦痛を感じさせたくない」という気持ちのことで、「人を殺してはいけない」とか「人を傷つけてはいけない」など、「思いやり・共感」の道徳感情です。

②の「公平性」は、「人は公平に扱われるべきで、不平等はよくない」という気持ちのことで、身分制度や生まれながらの貧富の差は認めないというのも「公平性」の道徳感情に含まれます。

③の「内集団への忠誠」は、自分の属する集団である「内集団」における義務を果たすことを大切に思う気持ちのことです。王様や会社への忠誠心や自己犠牲の精神などがこれに当たり、愛国心・家族愛も含まれます。また、この道徳感情が強い人は、「内集団でのルールを破る人に対する処罰は厳重になされるべきだ」と考えます。

④の「権威への敬意」は、「社会的秩序のために、上下関係などが尊重されるべきだ」という道徳感情のことで、「自分の職務をまっとうする責任感」や「警察のような権限のある立場を尊重する」という道徳感情が含まれます。また、伝統を重んじる感情もこの範疇に含まれます。

⑤の「神聖さ・純粋さ」は、肉体的にも精神的にも純潔を求める感情で、貞節や欲望を節制することに価値を置きます。宗教的価値観とも大きく関係し、妊娠中絶や同性愛者の婚姻に反対する人たちはこの感情を強く持ちます。

これらのモラルファンデーションのバランスには個人差があり、したがって、人がどの倫理的価値観を重視するかについても個人差があります。金井良太らは、モラルファンデーションの個人差は何が原因で決まるのか、という問題に取り組みました。彼らはモラルファンデーションがどの脳部位の構造的な違いと関係しているかを探索し、そして見事、個人のモラルファンデーションと相関する脳の部位を見つけ出しました。詳しくは彼の著作を読んでいただきたいのですが、彼らの研究の結果、ある倫理観を強く持つ人は脳のある部位が大きかったり、別のある倫理観の強い人は脳のまた別のある部位が小さかったりすることがわかったのです。具体的にはたとえば、楔前部という頭頂葉の内側の部分が小さい人ほど「個人の尊厳」を守るという倫理観が強く、他者への「優しい気持ち」や「共感」が強いのだそうです。こうした彼らの研究が示唆するのは、人がどのような倫理観を持つかについては、各人の「脳の構造の違い」が関わっているということです。

【出典】金井良太『脳に刻まれたモラルの起源——人はなぜ善を求めるのか』岩波書店、二〇一三年、二一一—二一八頁。

以上の脳科学の知見は、「何を正しいと感じるかについては人によって違う」という私たちの素朴な実感を実証的に裏づけるものです。また、この知見は同時に、「他人に優しくすることは最も価値のある倫理観である」とか「誰でもみんな、すべての他人を平等に扱うべきだ」といった主張を、あらゆる人に納得させることはできないということも示しています。

とはいえ、「他人とわかりあえることはないのか」と落胆することはないと思います。倫理の生物学的アプローチはむしろ、私たちがより上手に仲間と協同するための道を拓くものです。人間の倫理観に関する生物学的観点から、たとえば「なぜあなたは○○と感じるべきところを、そのように感じようとしないのか！」と詰問したところで得るものは少ないと知って、相手に対する物言いをより事実に即したものにするよう心掛けるならば、きっと自分も相手も納得する妥協点が見つかりやすくなるはずです。人々が各自、「自分の倫理観」の傾向を理解し、また、各人が「善悪の判断について各人の意見が異なるのは、各人の脳の構造の違いによる」ということを事実認識・共通認識として持つことができたならば、人々の間で起こる暴力的な争いを減らすこともできるはずです。

前出の金井は、「脳という人類共通の基盤があるということは、実は人類に共通の倫理観というものが想定できる可能性を示している」（六頁）と言います。「倫理観には個人差がある」と言っても、それは人の倫理観を織り成す各要素のバランスに個人差があるという話です。人は倫理的な各要素の大小・強弱の組み合わせによって、誰もが自分特有の世界で一つの倫理観を有していますが、その倫理観を形成する各倫理的要素・道徳感情については人類共通なのです。だとすれば、「倫理問題の落とし所を見つけ出すこと」について私たちはもっと明るい見通しを持ってよいのではないでしょうか。

金井は著作の最後でこのように述べています。

「我々に備わっている倫理的価値観の存在意義は、人が幸せに生きる社会を作るためである。そのためには、人が他者と関わることで楽しいと思える環境を作らなければならない。（…）共感やオキシトシンの効用は、人から人へと伝染していく。自分がリスクを負って他者に信頼を託すことで、その人もまた同じ社会の他の人を信じることができるようになる。そして、信頼のある人間関係は、幸せな感覚とともに、社会のネットワークの中を伝搬していく」（一〇九―一一〇頁）。

「仲間たちについて考える」の倫理の大目標は彼の言う「人が他者と関わることで楽しいと思える環境」の創出です。そのような環境を作り出すことはまさに難業ですが、それでも挑戦しがいのある善い目標だと思いませんか。

そのためにも私たちは、工具ベルトにさまざまな工具を差していくように、さまざまな思考を身に着けていく必要があります。そして、倫理問題が事実どのような形をしているのかを見定めて、その問題に適した思考の道具を使用するのです。このとき、たとえば「他人を助けることを重視する考え方」と「自分にとっての損得を重視する考え方」のどちらが倫理的に正しいか?を問うことにはあまり意味がありません。それより問うべきは、ある環境、ある状況の下にいるある人やある物事に対して最も適している考え方とはどのようなものか？であるはずです。

もちろん、「他人を助けること」自体は「倫理的に正しい」ことです。これを否定してしまったら「仲間たちと支え合うシステム」は瓦解してしまいますからここを譲るわけにはいきません。

また、「ある行為の帰結は自分にとって得か損かを考えること」自体も「倫理的に正しい」ことです。これを否定しようものなら、それこそ倫理が不可能になってしまいます。

私たちが倫理問題に対処するときに引き合いに出す個々の倫理的考え方は、どれもそれ自体は有用なものです。それはハサミも金槌もそれ自体は有用な道具であるのと同様です。ただ、そうした道具を用途に合わせて使い分けるのと同じように、倫理問題についても、それぞれの問題ごとに、問題状況に合わせて、より適した考え方を採用するという倫理的な習慣を、私たちは身に着けなくてはならないのです。

仲間たちの安全と幸福のため、みんなが安心して暮らせる社会の実現のため、一生懸命、倫理的にふるまっているのに、ちっとも思い通りにならなかったり、悲しいことを経験したりして、「所詮、みんな自分のことしか考えていないんだ」などと物事を単純化して理解しようとするようなことを言いたくなるときがあるかもしれません。そんなとき、とりあえず気休めにそう言ってもいいですけれど、そのあとすぐに、「工具ベルトに金槌を一本だけさして、『私はどの機械トラブルにもこの金槌だけで対処します』と言う人」を思い浮かべて、物事を単純化することのかっこわるさを思い出してください。そして、次なる倫理問題に際しては、あたかも技術者が技術業を行うようにして問題に取り組むのです。

3 ――倫理問題を構成するさまざまな事柄

倫理問題に対処するためには、思考の道具を数多く揃え、倫理観の多様性を理解し、そして、さまざまな事柄を考慮に入れる必要があります。

その「さまざまな事柄」にはどのようなことが含まれるのか？　たとえば、「会社に所属しているある技術者には誰に対する責任があるのか」を考えるとき、その対象としてまずは「製品の使用者」を思い浮かべると思いますが、ある技術者が責任を果たすべき対象はその他にも考えられます。

・自分
・自分の家族
・製品の使用者

・自分の所属する組織
・自分の所属する組織の同僚
・自分の同僚の家族
・関係する下請け会社とそこに所属する人々
・関係する販売店とそこに所属する人々
・同業他社とそこに所属する人々
・関係官公庁
・地方自治体
・マスメディア
・地域住民
・自分の設計した製品を製造する工場の周辺住民
・まだ生まれていない将来の世代の人々

ある技術者が責任を果たすべき対象は他にも考えられますし、加えて人間以外のもの、動物、植物、環境などへの配慮も必要でしょう。

考慮すべき「さまざまな事柄」の列挙をもう少し続けます。技術者が考慮すべき事柄の中には「法律」もあります。そして、ある技術者が遵守すべき法律には次のようなものが考えられます。

・民法
・刑法
・製造物責任法（ＰＬ法）
・特許法、著作権法、その他知的財産権を守る法律など
・個人情報保護法など
・公益通報者保護法など

また、法律は製品製造の全工程に関わっています。

・設計
・原材料・部品調達
・製造
・供給
・利用
・回収・廃棄

このように製品をつくるところから廃棄されるところまでのすべてに法律が関わっているため、技術者は自分の業務に関わる法律のことを知り、理解する必要があります。また法律は社会の変化に合わせて改正されることがありますので、最新の内容を知っておかなければなりません。

以上のように、倫理問題を考える際にはさまざまな事柄を考慮に入れる必要があります。そして、その「さまざまな事柄」一つひとつを検討しながら、倫理問題に対処するための行動案をいわば「設計」するのです。

【参考文献】札野順『改訂版　技術者倫理』一般財団法人放送大学教育振興会、二〇一二年、一二一頁。

4　設計としての倫理

「倫理問題は工学設計と似ている」と指摘したのは『技術倫理』の著者で、アメリカにおける科学技術倫理の第一人者でもあるC・ウィットベックです。さきほど、「倫理観には個人差がある」という話をしましたが、倫理的な要請や価値観は人によって異なるため、人々の間ではしばしば対立が生じることになります。しかし、そうした対立が解消不可能であるかといえばそうでもなく、むしろたいていの場合、「これらの要請の多くを、少なくとも部分的に、同時に満たすことは可能であるし、実際そうすることが智慧の証である」と彼女は言います。

そして、普段からこのような頭の使い方をしているのが技術者です。技術者は製品を製作するときに、形状、耐久性、性能、安全性、環境負荷、コスト、その他さまざまな事柄や価値のバランスを取って製品を見事に作り上げますが、それと同じように、倫理問題についても、さまざまな事柄や価値のバランスがとれた、人から称賛される解決策が存在しうるのです。ウィットベックは、工学設計問題の解決法は倫理問題への対処にも当てはまるとしながら、工学設計問題に対処する際のポイントを次のように述べています。

設計問題に対処する際のポイント

【第一のポイント】

工学設計の問題や現実の問題においては、正しい解答ないし対応策が一つしかないとか、正しい対応策の数があらかじめ決まっているといったことは、たとえあっても稀である。これはパズルや数学の問題、そして工学を学ぶ学生が通例演習問題として取り組む問題の多くとは異なる点である。

与えられた設計問題に対する「解答がない」という場合もある。たとえば、柔らかい素材でできたスーツケースの上にも取り付けられるほど軽く、しかも安全基準を満たすほど丈夫なチャイルド・シートはおそらく設計できないだろう。しかし、一つでも解答がある設計問題なら、ふつうはそれ以外にも解答が存在する。

【第二のポイント】

正解が一つしか存在しないということはないにしても、考えうる対応のなかには明らかに許容できないものもある。つまり、たとえ正しい答えは一つではないにしても、間違った答えは存在する。したがって、いくつかの解答があるなら、そこには優劣がある。

たとえば、飛行機の座席に取り付けたとき背の角度が調節できないチャイルド・シートは、そこに座らされる子どもにとっても同伴する大人にとっても不快以外のなにものでもない（つまり、そのチャイルド・シートの設計は「明らかに間違っている」）。同様に、「弱者を脅してわれわれの要求におとなしく従わせよう」とか「こいつの安全係数は1にしよう」（つまり安全マージンをとらない）というのも間違った答えである。前者は基本的な倫理的規準を犯しているし、後者は基本的な安全基準に反している。

また、ある二つの解答がそれぞれ異なった種類の利点を持つという場合もある。そのようなときは、一方の解答が他方の解答より議論の余地なく優れているとは言えない。

【第三のポイント】

設計問題に対処するにあたっては以下のすべての条件を満たさなければならない。

「望ましい成果または目的を達成すること」

たとえば、機内持ち込み用の車輪つきスーツケースに装着可能なチャイルド・シートを完成させること。倫理問題についても同じことが言える。倫理問題に対処する行為者は自分の責任を果たさなければならない。

「当の行為に対する指定条件あるいは明示された規準を満たすこと」

たとえば、件のチャイルド・シートは頭上の物入れに収納でき、しかも飛行機の座席に固定した場合に快適な補助イスとなるものでなければならない。倫理問題の場合、たとえば、その問題の解決のために、他の大切な責任が果たせないほどの時間をつぎ込んではならない。

「深刻なマイナスの結果を引き起こしかねない事故およびその他の誤りに対する合理的な安全策を講ずること」

「背景に存在する制約条件に従うこと」

たとえば、チャイルド・シートの場合、製造するにあたってあまりに高価なもの、量が少ないもの、危険性があるものなどを素材として必要としないこと。

また、すべての倫理問題においては、背景にある制約条件として、「すべての人の人権を侵害してはならない」という要請が含まれる。

（C・ウィットベック（礼野順、飯野弘之訳）『技術倫理』みすず書房、二〇〇〇年、七二一七七頁に基づく）。

工学の設計問題から類推することによって、倫理問題に取り組むうえで参考になる教訓が得られるとして、ウィットベックはさらに「設計問題から得られる倫理的教訓」を四つあげています。

設計問題から得られる四つの倫理的教訓

【教訓1】「置かれた状況の中の未知の要素および不確かな要素の考察からはじめる」

たとえば、もしある人（Aさん）から、別のある人（Bさん）が「悪いことをしている」と聞かされたとしても、実はAさんのほうがその悪いことをしているのかもしれないし、または、AさんがBさんを中傷しているのかもしれない。この時点でたしかなことはただ一つ、何かあってはならないことが起こったということだけである。

ここには、「不法行為であるか？　中傷であるか？」という問題内容のあいまいさがあるわけだが、問題の初期の段階で状況をめぐる重大なあいまいさを解消できない場合、そのあいまいさを、その状況を規定する特徴の一つとして理解しなくてはならない。そして、あいまいな倫理問題に直面した行為者は、次のようなことを考えるだろう。

・もっと証拠を集めるべきか
・他の人々に対して不公平にならないように問題を提起する（あるいは証拠を集める）にはどうしたらよいか
・公正に解決したいという自分の気持ちを他の人々に支持してもらうにはどうすればよいか

また、あいまいな状況を他者に報告する場合に役立つ倫理的な指針は、「事実を自分のつかんでいるとおりに明確に述べ、自分の解釈を最小限に抑えること」である。

【教訓2】「解決策を探るにはより多くの情報を必要とする」

実践問題に対する「責任ある対応」あるいは「賢明な対応」に見られる重要な特徴の一つは、問題を解決しようとする前に適切な調査が行われていることである。これはまさにエンジニアが設計問題に取り組みにあたって必ず行っていることである。

次の事例を考えてみてほしい。

幹線道路の安全対策を担当する人が安全性向上のための予算を配分するにあたって、候補となる交差点が二箇所ある。どちらの交差点も年間の死亡事故発生件数は同じである。しかし一方は田園地帯にあり、もう一方は都市部にある。都市部の交差点は、平均して田園地帯の交差点の四倍の交通量があり、軽い人身事故や物損事故の発生率も田園地帯の交差点より高い。予算は一箇所の交差点を改修するのに見合う額しかない。いったいどちらを選べばよいのか。

まず注意したいのは、この事例が「手持ちの予算のすべてをどちらの交差点に使うか」という二者択一を迫る問題として提示されていることである。だが、現実には他の選択を考えることもできるはずだ。たとえば、「どちらの交差点にも交通標識を取り付ける」とか「両方の交差点に信号機を設置する」など。

そして、【教訓2】としてのここでの本題は、「(多量にあるはずの)ここでは語られていないが選択に影響を及ぼす可能性のある、事故に関する情報」の入手である。

たとえば、「一方の交差点で発生したすべての重大事故では、事故に巻き込まれた車のドライバーの少なくとも一人が酒に酔っていた(あるいは居眠り運転をしていた、あるいは心臓発作を起こしていた、など)のに対し、もう一方の交差点ではそうしたことはなかった」という情報を入手したとしよう。

このような情報があったならば、一方の交差点で重大事故を減らすための最も決定的な要因は「ドライバーの過失を減らすことだ」ということになり、もう一方の交差点で起こる事故については「交差点の物理的条件が問題だ」ということになるだろう。つまり、後者での事故を減らすには、「交差点そのものの改修」が最善の策となる。

【教訓3】「最初からいくつか可能な解決策を同時並行的に進めていく」

そうすれば、乗り越えがたい障害にぶつかっても途方に暮れることなく、エネルギーをむやみに拡散させずに済む。この教訓は、装置の個々の特色を設計する場合や、あとのほうの段階になって障害に行き当たり、設計を変更しようとする場合にも当てはまる。

時間の制約のもとで行動しなければならないというのは、倫理問題においてもよくあることである。時間が限られているときには、いくつかの可能性を同時に追求し、どれかが実現しないとわかったときにそなえておくのが合理的である。

いくつかの選択肢を同時に追求するというのは、一つの線を押し進めても実行不可能となる危険がある場合、優れた設計戦略である。複数の可能性を追求することと対照的なのが、倫理問題を静的で固定化した状況と捉え、決まりきった解決策しかないと考えることである。この場合、倫理問題は単に、正しい選択肢を選んでひたすらそれを追求するということにすぎなくなってしまう。

【教訓4】「問題状況と、それに対するわれわれの理解は、どちらも時間の経過とともに変化し発展していく」

設計問題も倫理問題も共に「動的性質」を有す。それはつまり、どちらの問題状況も時間の経過とともに変化していくということである。

たとえば、スペースシャトル「チャレンジャー号」の爆発事故を回避しようとした技術者ロジャー・ボイジョリーの場合、彼にとっての問題の発端は、「接合部から高温のガスが漏れ出していること」であった。しかし、その問題状況は次いで、「温度がシールに与える影響を調べるための実験を行うという問題」に変わり、その次には「シールを設計しなおすためのチームを編成して、そのための予算を獲得するという問題」に変わり、最後に問題は「記録的な低温が予想されるなかでスペースシャトルを打ち上げることを中止させること」になった。このように、倫理問題も設計問題も動的であることをわれわれは認識しておく必要がある。

（前掲書、七七―八五頁に基づく）。

以上のような設計問題のアナロジーは倫理問題に対処する際に役立ちます。倫理問題を設計問題に対処するような仕方で考える経験を重ねたならば、倫理問題の解決策を練る腕前は着実に上がることでしょう。

ウィットベックの言うように、倫理問題に直面している当人からすると、しばしば「問題に対して自分がどのような対応を取り得るのか」がはっきりしなかったり、そもそも「問題状況がどのようなものであるかということ」自体があいまいだったりします。おまけに、そのような不確かさやあいまいさの中で往生しているところへ、さらに別の小さな問題がつぎつぎと降りかかって来さえします。それでもわたしたちは倫理的行動をあきらめるわけにはいきません。倫理問題にはまったくさまざまな事柄が絡んでくるのであり、問題の関係者たちによる大揉の嵐の中で途方に暮れてしまうこともあるかもしれませんが、ウィットベックが主張するように、対立の状況にあるように見える倫理問題を「さまざまな要求と倫理的制約に関わる問題」として捉え、それらの制約は、同時に満たすことができる場合もあれば、できない場合もあると理解するのが妥当でしょう。

倫理問題に対処する行為者は、まるで技術者が故障した装置をすっかり直してしまうように、さまざまな事柄のバランスを適切にとって「仲間たちによる支え合いのシステム」を見事に復旧させるかもしれませんし、あるいは仲間たちの要求を同時に満たすことができず、仲間たちの協力関係を解消させてしまうかもしれません。できるときもあればできないときもある。というか、うまくできないことのほうが多いかもしれません。

救急隊員や消防隊員や警察官や自衛隊員の人たちが訓練を行うように「倫理問題対処訓練」を徹底的に行うことができたなら、倫理問題にいくらかうまく対処できるようになるかもしれません。しかし、若いうちから「倫理問題、いつでも来い！」とどっしり構えられるようになるほどの量の倫理問題に、人はふつう遭遇しません。しばしばネット上で倫理的配慮に欠ける行為をしたとされる人が吊し上げに遭っていますが、そのように人を非難することこそが倫理の仕事ということになると、人々は自分に対する倫理的非難を避けようとして、問題を隠そうとしたり、問題を矮小化しようとするなど、自分のした行為をごまかしたいという誘惑に乗ってしまいがちになってしまいます。

しかし、倫理の主要な仕事は、仲間を育てたり、仲間同士で支え合ったりして、他人と関わり合うことは楽しいと思える環境を創出することです。仲間同士で育て合うことを目的とした人たちが開放的で建設的な議論を繰り返すなら、提出される倫理問題の解決策は次第に洗練されたものになり、「みんなでみんなを支え合うシステム」の精度はさらに上がることでしょう。

「技術者」は誰でもなれる職業ではありませんが、「倫理の技術者」を目指すことなら誰にでも許されていますし、そうなることが求められてもいます。倫理問題に対処するにあたっては誰もが、あたかも技術者が機械の設計を行うようにして解決策を追求する資格を持つのです。

5　倫理的意思決定の手法

最後に、技術者倫理の分野でよく知られている倫理的意志決定の手法である「倫理的意思決定のための七段階法」、通称「セブン・ステップ・ガイド」を紹介します。提唱者はイリノイ工科大学のマイケル＝デイビスで、この手法は倫理の実践的な手続きとして、複雑な倫理問題に直面した人がより適切な倫理的意思決定を下すことを目的に考案されました。

倫理的意思決定のための7段階法

【ステップ1】倫理問題を明確に述べなさい。

【ステップ2】事実関係を検討しなさい。

【ステップ3】関連する要因、条件などを特定しなさい。

【ステップ4】取り得る行動を考案し、行動案を列挙しなさい。

【ステップ5】それらの行動案を次の観点から検討しなさい。

「危害テスト」：この行為は他のものよりもたらす危害が少ないか。

「世間体テスト」：自分の行為が新聞で報道されたらどうなるか。

「自己弁護可能性テスト」：自分の行為を公聴会や公的委員会で弁護できるか。

「可逆性テスト（黄金律テスト）」：自分がその行為によって悪影響を受ける立場であったとしても、自分はその行為を支持するか。

「同僚による評価テスト」：その行為を解決策として同僚に説明した場合、同僚はどのように考えるか。

「専門家集団による評価テスト」：自分が所属する専門家協会の理事会あるいは倫理担当部門は、その行為をどのように考えるか。

「所属組織による評価テスト」：会社の倫理担当部署あるいは顧問弁護士は、その行為をどのように考えるか。

【ステップ6】「ステップ1」から「ステップ5」の検討結果をもとに、実行すべき行動案を選択しなさい。

【ステップ7】そのような倫理問題に再び陥らないためにどのような方策を採るべきか、あるいは、問題点の改善方法を考えながら、【ステップ1】から【ステップ6】まで再検討しなさい。

（札野順編著『改訂版　技術者倫理』財団法人放送大学教育振興会、二〇一二年、一一七頁に基づく）。

「セブン・ステップ・ガイド」は、倫理的な行動を設計する際の指針の一つでしかありませんが、少なくともこのような倫理的手続きを知っておくことで、複雑かつ規模の大きい倫理問題に直面したとき（たとえば、「会社ぐるみの不正」とか、「多くの人たちに物理的な危険が迫っている状況」など）、感情のおもむくまま拙速にまずい手を打とうとする自分を思い留まらせることができます。また、こうした倫理的手続きを自分で実際にやってみることで、自分がとろうとしている倫理的行動には改善の余地があることに自分で気づくことができます。これから本格的に社会に関わっていくことになるみなさんが「仲間たちについて考える」際の思考の道具の一つとして、倫理の工具ベルトにぜひ携帯しておいてください。

あとがき

倫理は理系の学問でもあります。多くの方は「文系では？」と思われることでしょう。実際、大学などで倫理の講義をする教員は著者を含めてそのほとんどが文系学部の出身です。そして本書も文系の教員が文系的な語りで話を展開させてゆく『理系の学生と学ぶ倫理』です。

今のところ倫理は文系のイメージを保っていますが、他方で近年、脳科学者や神経科学者、実験心理学者などによる実証データに基づく科学的な倫理研究が飛躍的に進展しています。たとえば、本文でも言及しましたが、ある出来事に対して「正しい／正しくない」「善い／悪い」などと評価する際の倫理的価値判断に影響を及ぼす道徳感情は、生物学的進化の結果として人間の脳と遺伝子に組み込まれているのだそうです。

このことを明らかにした脳科学者たちは、人間の倫理観に見られる個人差が脳の構造や遺伝子の違いに由来すること（ただし、人間の倫理観には成育環境も大きく関わっています）、したがって人間の倫理観は私たちが考えている以上に主観的な部分が大きいことを教えてくれるのですが、こうした理系の倫理研究の成果の中には伝統的な倫理に関する研究をしてきた者を困惑させる研究結果もあります。と言いますのも、伝統的な倫理のなかでもとくに影響力のある諸言説は「客観的な正しさ」を人々に提示することを目指してきたからです。

とはいえ、理系の倫理研究の進展は文系の倫理研究にとっても喜ばしいことです。なぜなら、「他人の役に立ちたい」とか「他人に親切にしたい」とか「他人と関わることは楽しい」といった倫理に関わる基本的な道徳感情には一定の科学的根拠があることがわかったからです。「倫理は人間にとって不自然なことでも偽善でもない！」ということで、文系の倫理もさいわい現役続行と相成りそうです。そして今後は倫理の文理融合研究が進展することでしょう。

ここでは文系の倫理研究という言い方をしていますが、実証科学的な倫理研究が脚光を浴びるずっと以前から、現実の社会状況の分析をふまえた実践的な倫理の構築を目指す「応用倫理学」の試みが長く続けられてきました。本書が言及する技術者倫理も応用倫理学の一つです。

その技術者倫理に影響を与えた人物で科学技術に関わる倫理の第一人者であるC・ウィットベックが「倫理問題における留意点」と「工学設計における留意点」の類似性を指摘しているのですが、技術者倫理のどの教科書もこの考え方を踏襲しており、技術者倫理は「倫理問題の解決策を《設計をする》という心構え」と「技術者が諸価値の間でバランスをとって見事に製品を完成させるときと同様のバランス思考」の必要を主張しています。

本書はこのような技術者倫理研究の知見を紹介してきましたが、著者の思い入れがあるのは冒頭で述べた「仲間たちについて考える」の倫理です。これは仲間たちに対する適切な配慮などあまりしてこなかった著者自身の反省文でもあります（今もできていません。だから『理系の学生と学ぶ倫理』なのです）。本書の「エアコン問題」の箇所では「人は年齢と共に変化する」という事実を手がかりに話を展開させましたが、このときに言及した温度の感じ方だけでなく、考え方や倫理観もまた年齢と共に変化していきます。著者は過去に何度か次のようなことを考えたことがあります。

「事柄A」については相手に理がある。
「事柄B」についても相手に理があるように思える。
「事柄C」についても相手に理があるとしてもよい。
ついでに「事柄D」についても相手が正しいということにしたっていい。
でも、この「事柄E」については絶対に私の方が正しいもの！

しかし、それから一〇年二〇年と経つと、かつて「相手に理がある」と思ったことがそうでもないとわかったり、他方「自分に理がある」と思ったことが端的に間違っているとわかったりしました。
遠い昔の日本の仏教の僧侶が、「みんなが間違っていて私だけが正しい」というような考え方をする人は地獄に落ちますよ、と書き残しているのですが（その本には他の「こうすると地獄に落ちます」ケースは書かれていませんでした）、現在の文系の倫理学者たちが注意を促しているように倫理問題に完璧な正解があることは滅多にありません。それにもかかわらず、倫理問題について「どのような状況下でも完璧な正解を導き出すことができる」ということにしてしまうと、たとえば戦争が起こります。まさに地獄です。

倫理問題には複数の解決策がありうることを念頭に、「自分の都合」と「他人の都合」を考慮しつつ、自分にも他人にも無理を強いることのない落とし所を探る。これが倫理的に最も正しい方法だと主張することはしません。こちらにそのつもりがあっても、相手にそのつもりがなければこの試みはうまくいかないからです。それでもこの種の手続きを採用している人たちと共に暮らすことは多くの人にとって快いことであるはずです。

そこでぜひみなさんも「みんなでみんなを支え合う」倫理事業に参加してほしいと思います。この事業に参加することによって重い責任を負うことになるかもしれませんが、そうした責任を負うことが面倒でつまらないとはかぎりません。あえて責任を引き受けることで、珍しい経験をしたり、社会の仕組みの一端が理解できたり、自分が周囲の人に過大な要求をしていたことに気づいて恥ずかしくなったり、その反省から若い人たちを支援することを思い立ったりと、つまりは自分の人生に手ごたえを感じられるようにもなるのです。

本書でみなさんに伝えたかったことの一つは、「自分の責任の範囲を拡げることは意外に楽しい」

ということです。このことを二〇歳頃の著者は知らなかったのですが、思い起こせば、自分の考え方は当時と比べてずいぶんと変わりました。年を重ねるにつれて自分の考え方や倫理観が変化していく様を目の当たりにすることは愉快なものです。

さいごに、本書を執筆する機会をくださり、その過程で著者を育ててくださった、晃洋書房の井上芳郎氏と石風呂春香氏に深甚の感謝を捧げます。

平成三十年四月三日

上杉敬子

《著者紹介》
上杉敬子（うえすぎ　けいこ）
2010年　一橋大学大学院社会学研究科博士後期課程修了，博士（社会学）
現　在　愛知工科大学工学部非常勤講師

主要業績

「『後見人』批判としての『理性の公共的使用』――クラインとカント」『日本カント研究』9，2008年（日本カント協会 濱田賞）.

「フィヒテの言論の自由について」『フィヒテ研究』17，2009年（日本フィヒテ協会 研究奨励賞）.

『西洋哲学の軌跡――デカルトからネグリまで』（共著，三崎和志，水野邦彦編）晃洋書房，2012年.

「寛容の先へ――『宗教的寛容』に対するカントの応答」『日本カント研究』15，2014年.

『危機に対峙する思考』（共著，平子友長，橋本直人，佐山圭司編）梓出版社，2016年.

理系の学生と学ぶ倫理

2018年5月30日　初版第1刷発行

＊定価はカバーに
表示してあります

著者の了
解により
検印省略

著　者　上杉敬子©
発行者　植田　実
印刷者　藤森英夫

発行所　株式会社　晃洋書房

〒615-0026　京都市右京区西院北矢掛町7番地
電話　075(312)0788番(代)
振替口座　01040-6-32280

装丁　もろずみ　としよ　　印刷・製本　亜細亜印刷㈱
ISBN978-4-7710-3059-6